社会治理微观问题研究

一统万殊：
迈向中国式现代化的基层治理创新

孙笑非　著

中国出版集团有限公司
研究出版社

图书在版编目（CIP）数据

一统万殊：迈向中国式现代化的基层治理创新 / 孙笑非著. -- 北京：研究出版社，2024. 10. -- ISBN 978-7-5199-1743-2

Ⅰ. D63

中国国家版本馆 CIP 数据核字第 2024FU6599 号

出 品 人：陈建军
出版统筹：丁　波
丛书策划：王杰秀　张立明
责任编辑：赖婷婷

一统万殊：迈向中国式现代化的基层治理创新
YITONG WANSHU:
MAIXIANG ZHONGGUOSHI XIANDAIHUA DE JICENG ZHILI CHUANGXIN
孙笑非　著
研究出版社 出版发行
（100006　北京市东城区灯市口大街100号华腾商务楼）
北京建宏印刷有限公司印刷　新华书店经销
2025年1月第1版　2025年1月第1次印刷
开本：710mm × 1000mm　1/16　印张：13.5
字数：205千字
ISBN 978-7-5199-1743-2　定价：58.00元
电话（010）64217619　64217652（发行部）

前　言

创新是改进基层治理方式、丰富治理手段的重要途径，也是理解国家治理有效性的重要视角。创新的目标即通过治理有效增强政治合法性，凭借试点实验的成功贡献有利经验，进而推进政策创新和制度产出，形成更具适应性的体制规范和秩序体系。一定意义上而言，基层治理创新既是推进基层治理体系和治理能力现代化的重要手段，也是对中央和上级政府制度供给不足的现实诉求和回应，能够发挥地方治理主体的能动性和主动性，将局部的治理有效转化为具有更大影响的制度创新，发挥中国特色社会主义体制机制的巨大优势，以满足现代化变革引发的国家治理诉求。

当前，我国基层治理正迎来一个“强国家、强社会”的新时代，国家权力对于基层的渗透力和影响力明显增强，伴随国家权力的强化，基层并非被动地纳入国家治理的一体化进程中，而是凭借自身更强的适应转化机制和守正创新能力，通过体制机制创新、自我赋权赋能等方式来加强自身建设，以自身的力量吸纳、应对、调适新的社会环境。基层虽然在权力配置和资源匹配上不及中央、省级、市级，但体制适应和自我创新的属性是根深蒂固的，并且在适当的情景条件下可以凭借一些运行机制来激活，如通过加强组织力量、优化过程管理和监督控制权等方式，推进基层保障要素的整合。

一定意义上，基层并不是以“复制”的方式来发展，而是通过“再生产”的形式实现更新。创新便是推动基层治理体系和治理能力现代化的有效工具，是在国家权力下沉的过程中，推动形成国家权力强化和基层体制双强局面的重要抓手。因此，本书的核心关注点在于如何认识、理解和解释基层治理领域的创新行为，创新如何在国家权力集中与基层权威提升的过程中发挥作用。通过探究基层治理创新的本质特征，从多层治理、多元互动的视角，探讨基层治理创新所涉及的一些根本问题，以展现社会转型期基层社会治理的丰富内容与多重面向，阐释基层社会的多维属性、实体的延展性与实践的复杂性。

以此为基础，本书所要探索的核心问题是，新时代基层治理创新呈现哪些趋向，与过去相比，有哪些新的特点，基层治理创新如何更好地迈向人民的美好生活。基层治理创新的政策逻辑、主要领域、创新模式、潜在问题及发展趋势等是当前理论层面和实践层面均需厘清的问题。基于以上问题意识，本书以多层治理理论为基础，以党的十八大开启的中国特色社会主义基层社会治理新时代为时间坐标，围绕党的十八大以来国家层面有关基层社会治理创新的政策设计，结合生动翔实的地方实践成果，从基层治理创新的影响要素建立逻辑框架，运用案例分析方法，通过全景式扫描，剖析了新时代基层社会治理的政策导向与实践路径，探寻基层社会尤其是城乡社区治理创新的时代取向、实践脉向和未来走向，为进一步推动基层治理创新提供理论指导和实践借鉴，从而构建新时代基层治理现代化的创新方向，全面、整体、系统地描摹刻画新时代社会治理现代化的发展图景。

以“一统万殊”为议题，全书致力于对基层社会治理在社会转型期的创新实践进行总体描述和概括性分析，从多个层面探讨社会治理领域“一”与“多”的问题。比如，体制机制层面，探讨一体体制与多元探索的有效模式；创新执行层面，涉及一体统筹与多点发力的有益互补；治理成效层面，呈现固本夯基与多元聚力的相辅相成。结合我国基层治理创新的典型案例，将理论研究与实践创新紧密结合，聚焦以下研究目标：一是清晰界定社会治理模式创新的基本概念与内涵，对于界定模糊或使用上存在混淆的定义、关系等进行明确，旨在为后续的深入研究奠定坚实的理论基础。二是对基层治理创新的基本模式、影响因素及实践路径进行系统的梳理和总结，从宏观视角深入剖析基层治理创新的内在机制与运行规律，对基层治理创新进行全面阐述。三是在纵横向双重权力结构的视角下，结合理论与实践，深入剖析我国基层治理创新的发展趋势、典型特点和主要内容，厘清中国基层社会治理模式创新的诸多问题，如形式化困境、扩散困境等，由此从制度设计和发展路径上，为基层治理创新的未来发展提供借鉴。

本书的理论意义在于，通过对基层治理创新的本质内涵、发展模式、影响因素、动力机制、发展趋向、困境挑战等方面的系统梳理，全面考察基层治理创新的现实样态、发展轨迹和变迁逻辑，阐释其变化的多样性及背后的发展逻辑，获得对新时代基层社会治理实际状况与运行规律的理解，从而形成一套系统的理论解释框架，为实践提供学理支撑。借助基层治理创新的不同实践，深入了解基层社会治理的创新场域、类型和趋势，同时超越局部的、零散的、具体的创新实践，进而提出加强和创新基层社会治理的对策建议，推动形成“一核多元、融合共治”的基层社会治理格局，不断提升基层治理体系和治理能力现代化水平。

目　录

第一章　国家治理现代化背景下的基层治理创新

治国安邦，重在基层。基层是社会治理的深厚基础和重要支撑，是人民群众生活的家园，是党和政府联系、服务群众的“最后一公里”。基层治理作为国家治理的基石，其效能的高低关乎国家治理和社会治理的整体成效，关乎人民群众切身利益能否得到维护，事关党的执政基础夯实与否。开展基层治理创新作为推进基层治理的必要手段，是实现基层长治久安的必由之路。本章旨在从政策文本的视角分析基层治理的政策话语与演变进程，并结合时代发展、现实实践等方面阐释基层治理创新的理论价值与现实意义，指出“回到基层逻辑”是推动基层治理现代化的首要前提。

第一节　转型中的基层治理创新

创新是国家发展的灵魂，是引领社会进步的不竭动力。近年来，创新驱动日益成为国家发展的重要战略。党的二十大报告深刻阐述了习近平新时代中国特色社会主义思想的世界观和方法论，即“六个必须坚持”，其中第三个是“必须坚持守正创新”。对社会治理领域而言，要实现“推进国家治理体系和治理能力现代化”的总体目标，就必须牢牢抓住创新这一关键点，在更大范围、更高层次发挥创新的引领作用，用创新思维谋划基层治理体系和治理布局，用发展的办法解决基层社会在发展过程中遭遇的各种难点，充分利用创新提供的第一动力，开辟社会治理的新模式、新办法，推进基层治理创新向纵深发展，持续构建发展的新动能、新优势，以实现基层治理体系和治理能力现代化的改革目标。

一、基层治理创新的宏观政策走向

（一）习近平总书记关于基层社会治理的重要论述

习近平总书记对基层治理工作给予了高度关注与重视，基层治理的相关论述是习近平新时代中国特色社会主义思想中的重要组成部分。早在担任浙江省委书记时，他就指出基层治理工作的重要性，认为“基层历来是民主政治的发源地和试验田。民主精神的培育、民主素质的锻炼、民主实践的操作，都是在基层产生、在基层发展、在基层得到检验的”〔1〕。习近平总书记始终高度重视基层基础工作，明确指出，“基层是党的执政之基、力量之源”〔2〕，“社区是党委和政府联系群众、服务群众的神经末梢，要及时感知社区居民的操心事、烦心事、揪心事，一件一件加以解决”〔3〕。这一重要讲话精神为我国基层治理工作指明了前进方向，提供了根本遵循。

对于基层治理，习近平总书记曾用生动的比喻深刻阐释基层工作的重要性。在《摆脱贫困》一书中，以“网”为喻，形象描绘了国家的组织架构，“如果把国家喻为一张网，全国三千多个县就像这张网上的纽结。‘纽结’松动，国家政局就会发生动荡；‘纽结’牢靠，国家政局就稳定”〔4〕。将县比喻为“纽结”，深刻揭示了县级单位在国家治理中的重要地位和作用，强调了加强基层工作对于维护国家稳定、推动社会发展的重要意义。对于我国广大的农村地区，习近平总书记于 2014 年 3 月在河南省兰考县调研考察时提出：“乡村处在贯彻执行党的路线方针政策的末端，是我们党执政大厦的地基。”〔5〕 乡村被形象地比喻为“我们党执政大厦的地基”，而乡村干部则是这一地基中不可或缺的“钢筋”，进一步凸显了“乡村”与“乡村干部”在我国社会主义现代化建设中的根本性和重要性。

---

〔1〕 参见鲍洪俊：《习近平：基层民主越健全，社会越和谐》，载《人民日报》2006 年 9 月 25 日，第 10 版。

〔2〕 参见《习近平谈治国理政》（第二卷），外文出版社 2017 年版，第 173 页。

〔3〕 参见谢环驰、李刚：《习近平：坚定改革开放再出发的信心和决心　加快提升城市能级和核心竞争力》，载《人民日报》2018 年 11 月 8 日，第 1 版。

〔4〕 参见习近平：《摆脱贫困》，福建人民出版社 1992 年版，第 31 页。

〔5〕 参见习近平：《摆脱贫困》，福建人民出版社 1992 年版，第 31 页。

党的十八大以来，以习近平同志为核心的党中央高度重视社会治理工作。2018 年 3 月，习近平总书记在参加十三届全国人大一次会议广东代表团的审议时指出："要创新社会治理体制，把资源、服务、管理放到基层，把基层治理同基层党建结合起来，拓展外来人口参与社会治理途径和方式，加快形成社会治理人人参与、人人尽责的良好局面。"[1] 2018 年 10 月，习近平总书记在视察深圳市龙华区民治街道北站社区时强调："要把更多资源、服务、管理放到社区，为居民提供精准化、精细化服务，切实把群众大大小小的事办好。"[2] 2020 年 8 月，习近平总书记在经济社会领域专家座谈会上强调："要加强和创新基层社会治理，使每个社会细胞都健康活跃，将矛盾纠纷化解在基层，将和谐稳定创建在基层。"[3] 这一重要论述紧扣时代脉搏，为新发展阶段的社会发展明确了具体方向。它为社会治理的理论研究、实践创新、力量配置及资源保障等指明了工作重点。2023 年 3 月，习近平总书记在参加十四届全国人大一次会议江苏代表团审议时再次强调："要健全基层党组织领导的基层群众自治机制，加强基层组织建设，完善网格化管理、精细化服务、信息化支撑的基层治理平台，健全城乡社区治理体系，为人民群众提供家门口的优质服务和精细管理。"[4] 这些重要讲话和重要指示批示精神，为加强和创新基层社会治理提供了根本遵循，注入了强大动能。推进基层治理现代化，应把建设高质量现代化基层治理体系作为重要任务，不断提升基层治理的社会化、法治化、智慧化水平。

（二）政策文件中有关基层治理创新的论述

党的十八大以来，党中央始终坚持以人民为中心的发展思想，高度重视加强和创新基层社会治理，指导推动基层治理现代化取得了显著的历史性成

[1] 参见谢环驰：《习近平李克强栗战书汪洋王沪宁赵乐际韩正分别参加全国人大会议一些代表团审议》，载《人民日报》2019 年 3 月 8 日，第 1 版。

[2] 谢环驰、鞠鹏：《习近平在广东考察时强调高举新时代改革开放旗帜把改革开放不断推向深入》，载《人民日报》2018 年 10 月 26 日，第 1 版。

[3] 习近平：《在经济社会领域专家座谈会上的讲话》，载《人民日报》2020 年 8 月 25 日，第 2 版。

[4] 参见黄敬文：《习近平在参加江苏代表团审议时强调牢牢把握高质量发展这个首要任务》，载《人民日报》2023 年 3 月 6 日，第 1 版。

就和变革。特别是在2013年，党的十八届三中全会审议通过《中共中央关于全面深化改革若干重大问题的决定》，明确提出“创新社会治理体制”的重大战略任务。这一决策着眼于维护最广大人民的根本利益，旨在最大限度增加和谐因素、增强社会活力、提高治理水平，标志着“社会治理”正式成为中央文件的重要议题。这一举措不仅与“推进国家治理体系和治理能力现代化”的总目标相契合，而且符合新时期经济转轨、社会转型的发展需要，将社会治理提升到治理体系和治理能力现代化的新高度。

2017年6月，《中共中央 国务院关于加强和完善城乡社区治理的意见》发布，这是首个以党中央、国务院名义正式颁布的关于城乡社区治理的纲领性文件，标志着我国在城乡社区治理领域迈出了重要步伐。该文件明确指出城乡社区是国家治理的基本单元，要积极推进城乡社区治理的理论、实践和制度创新。2019年6月，中共中央办公厅、国务院办公厅印发《关于加强和改进乡村治理的指导意见》，要求“鼓励各地创新乡村治理机制”“对于需要继续探索的事项，要组织开展改革试点，勇于探索创新，及时总结一批可复制可推广的经验做法，加快在面上推广”。2021年4月，《中共中央 国务院关于加强基层治理体系和治理能力现代化建设的意见》，提出“推进基层治理创新”“选树表彰基层治理先进典型”。

近年来，中央印发的关于基层治理创新的各类指导性意见明确鼓励、支持基层治理创新。2017年10月，党的十九大报告强调，“健全自治、法治、德治相结合的乡村治理体系”“加强社区治理体系建设，推动社会治理重心向基层下移”。2019年10月，党的十九届四中全会将社会治理界定为“国家治理的重要方面”，强调“加强和创新社会治理，完善党委领导、政府负责、民主协商、社会协同、公众参与、法治保障、科技支撑的社会治理体系”“构建基层社会治理新格局”，赋予社会治理体系更加全面的内涵与目标，为新时代基层社会治理创新提供了新方向。2020年10月，党的十九届五中全会明确提出“加强和创新社会治理”，并将“社会治理特别是基层治理水平明显提高”列为“十四五”时期经济社会发展主要目标。从党和政府的执政理念与社会发展方式的重大转变可以看出，共享社会发展成果、增进人民幸福指数成为推动社会治理创新、提升社区服务水平的时代主题和实践课题。

“中央一号文件”对于加强和创新乡村治理创新曾有具体表述。2018 年“中央一号文件”《中共中央 国务院关于实施乡村振兴战略的意见》强调，“加强农村社区治理创新”。2020 年“中央一号文件”《中共中央 国务院关于抓好“三农”领域重点工作确保如期实现全面小康的意见》指明，“扎实开展自治、法治、德治相结合的乡村治理体系建设试点示范，推广乡村治理创新性典型案例经验”。2022 年“中央一号文件”《中共中央 国务院关于做好 2022 年全面推进乡村振兴重点工作的意见》指出：“深化乡村治理体系建设试点示范。”这些政策文件的出台和落实，为基层治理创新的顶层设计添砖加瓦，体现了中央层面对于基层治理创新的重视和一以贯之推动基层治理体系和治理能力现代化建设的坚强决心，也标志着党和国家在新的发展阶段治理理念和治理方向的适时调整与持续优化。

2015—2024 年政府工作报告中有关“社会治理”的文件表述如表 1 – 1 所示。

表 1 – 1　2015—2024 年政府工作报告中有关“社会治理”的文件表述

时间	内　容
2015	加强和创新社会治理。
2016	加强和创新社会制度，推进城乡社区建设，促进基层民主建设。
2017	健全基层群众自治制度，加强城乡社区治理。
2018	打造共建共治共享社会治理格局。完善基层群众自治制度，加强社区治理。
2019	加强和创新社会治理。推动社会治理重心向基层下移，推广促进社会和谐的“枫桥经验”，构建城乡社区治理新格局。
2020	加强和创新社会治理。完善社区服务功能。
2021	加强和创新社会治理。夯实基层社会治理基础，健全城乡社区治理和服务体系，推进市域社会治理现代化试点。
2022	创新和完善基层社会治理，强化社区服务功能，加强社会动员体系建设，提升基层治理能力。
2023	加强和创新社会治理。推动市域社会治理现代化，完善基层治理，优化社区服务。
2024	加强和创新社会治理。完善社会治理体系。

从政府工作报告有关“社会治理”的文件表述可以发现，2015 年以来，历年政府工作报告都将加强和创新社会治理作为工作重点突出强调，不仅体现了政府对社会和谐稳定的高度重视，也反映了政府对于社会治理的新理解和新期待。比如，2024 年政府工作报告提出十项政府工作任务，其中第十项为“切实保障和改善民生，加强和创新社会治理”。

在政策文件的科学指引下，全国各地积极响应号召，不断探索创新、深入推进基层社会治理实践，取得了丰硕的实践成果，不仅彰显了中国特色社会主义制度的独特优势，更生动展示了基层社会治理的本土特色。基层社会创新具有为整体性国家制度安排提供地方性经验和推动多样化治理模式的双重意义，部分成功案例得以上升为国家政策并推进制度变迁，既为全国性改革提供了参考依据，也为国家的制度创新奠定了基础。与此同时，基层社会创新越来越关注市场经济发展和社会结构转型带来的新变化，是基层调适自身与经济社会环境和民众利益诉求相匹配的策略性选择的结果。

二、基层治理创新的必然性与应然性

基层强则国家强，基层安则天下安。作为基层治理的“温度计”、治理水平的“晴雨表”、发展趋向的“风向标”，治理创新不仅回应了新时代党和国家的重要战略部署，也体现着社会治理的发展趋向和民众期待，事关党中央决策部署的贯彻落实，事关国家治理现代化的有效推进，事关广大人民群众对美好生活的向往，具有重要的现实意义和实践价值。

（一）创新基层治理是适应社会主要矛盾转变的内在要求

基层既是人民群众生产生活的地理空间，也是拓展民主的制度空间、增进团结的社会空间，关涉国家政权建设和国家根基稳固的重大问题。中国特色社会主义进入新时代以来，经济社会发展迈向更高层次、更高质量、更高水平，经济增长与社会发展协同共进、经济结构加快调整、社会建设全面提升、社会保障体系不断加强、基本公共体系不断完善、文化事业繁荣发展、创新发展动能增强、科技创新能力提高、基础产业和基础设施建设扎实推进，为促进社会全面发展、保障和改善民生创造了有利条件，为推进国家治理体系和治理能力现代化奠定了坚实的物质基础、制度框架、人才基础、科技支撑。

同时应当注意到，我国正处于经济社会转型发展的关键时期，已经到了扎实推动共同富裕的历史阶段，却遭遇世界百年未有之大变局的影响。世界经济低迷趋势依旧，逆全球化思潮抬头，国际经济政治文化冲突加剧，全球性治理难题凸显，不确定性增强。我国经济社会发展所面临的更趋复杂严峻的外部环境，在国内表现为市场经济条件下多元多样的思想观念激烈碰撞的新情况、经济下行压力下人民群众获得感幸福感安全感下降的新挑战、利益格局深刻调整下社会新旧矛盾相互交织的新变化。这些新形势新问题直接影响到基层社会的各个方面，成为影响基层社会稳定的、具有根本性影响的不确定性因素。

改革开放的深入推进和经济社会的不断发展，推动基层社会发生根本性转型，社会结构日益阶层化、利益格局发生深刻调整、社会风尚急剧变化、意识形态更为多元，人员、资源流动性骤增，诸多利益关联交汇、公共服务需求更加多样，社会矛盾纠纷多发频发，治理问题交互叠加，如何防范和化解潜在的社会问题和社会风险、维护社会持续稳定发展成为基层政府必须面对的问题。此外，传统的社会秩序和价值观念趋于瓦解，城乡的社会结构更为复杂，既有的社会治理模式难以适应社会发展的要求，给基层社会治理带来了新的困难和挑战。基层民生建设和公共服务建设滞后于基层群众的需要，人民群众的公共利益得不到有效保障，且基层民生建设和公共服务体系存在区域不平衡、地域不平衡、城乡不平衡等现象，经济发达地区与欠发达地区差别较大，城市社区与农村社区差别较大，影响到城乡融合发展的深入推进。在全面深化改革的新阶段，不同利益主体之间的矛盾冲突日益加剧，如此，创新基层治理模式、优化基层治理的体制机制成为迫切必要。

中国特色社会主义进入新时代，社会的主要矛盾转变为“人民日益增长的美好生活需要和不平衡不充分的发展之间的矛盾”，面对社会主要矛盾的历史性转变，基层治理必须坚持以人民为中心的治理理念，变中求新、变中求进，进一步突出基层党组织的领导核心作用，不断提高党把方向、谋大局、定政策、促改革的能力水平，确保党始终总揽全局、协调四方；进一步健全基层社会治理体制机制，加快基层社会治理的制度供给，加强基层治理现代化的制度支撑；进一步坚持自治、法治和德治结合，健全“三治融合”的基层社会治理模式；进一步打造更具活力的社会治理共同体，培育良好的社会资本，大力发展社会组织，提升社区凝聚力，激发市场力量和社会活力，形成自治与共治的系统合力。这是顺应时代的发展趋势，也是满足经济社会发展要求的必然之举，对于实现我国国家治理体系和治理能力现代化具有重要意义。

（二）创新基层治理是回应人民群众对美好生活向往的重要途径

以人民为中心，创造高品质生活，不断满足人民对美好生活的向往，是社会治理的本质要求。党的二十大报告指出，“必须坚持在发展中保障和改善民生，鼓励共同奋斗创造美好生活，不断实现人民对美好生活的向往”。在国家治理体系中，基层既是落实、执行党和国家政策的末端，也是党联系群众、服务群众的前哨。不管是衣食住行还是生老病死，不管是婚丧嫁娶还是生产经营，群众的各项生产生活活动都发生在基层，基层是社会生活的基本单元，也是人民群众感知政务服务温度、公共服务效度的“神经末梢”。基层直接面对群众、服务群众、引导群众，是公众享受公共服务、表达个人诉求的基础平台，同时也是协调各方关系、促进社会和谐的关键前沿，更是推动矛盾化解的第一道防线。

基层治理与美好生活密切相关，基层工作的质量和效率关系到广大人民群众的满意度和幸福感。改革开放以来，随着经济社会的快速发展和综合国力的显著增强，人民生活实现从解决温饱到实现总体小康、再到迈向全面小康的跨越式发展，居民生活水平明显提高，居民收入持续快速增长，居民消费结构明显调整，社会服务更加全面，生活质量持续改善，医疗卫生教育服务水平稳步推进，民生事业得到全面提升。同时需要注意到，人民群众在享受发展红利的同时，对美好生活的需要更加广泛，对美好生活的向往更加多元，不仅有物质层面的要求，也有精神层面的需要；不仅有生存层面的诉求，也有发展层面的期盼。城乡居民对民主、公平、法治、教育、医疗、就业、住房、养老、生态环境等方面的诉求日益强烈，这一方面呈现出人民群众的主体地位及核心位置不断得到巩固，另一方面也对基层政权建设和基层治理体系提出了更高的要求。

习近平总书记明确指出："创新社会治理，要以最广大人民根本利益为根本坐标，从人民群众最关心最直接最现实的利益问题入手。"[1] 创新基层治理要以人民为中心，坚持以人民需要为首、以人民利益为先的基本原则，坚持以民为本、治理为民的根本意识，做到治理为了人民，治理依靠人民，治理造福人民。创新基层社会治理，其根本目的就是不断满足人民群众对美好生活的向往，在治理有效的过程中保障和改善民生，不断满足群众日益增长的民生需要，不断实现人民对美好生活的新期待。

围绕这一目标，必然需要对当前基层治理的现状和发展趋向进行系统分析和综合研判，剖析存在的问题，找出解决的路径，坚持以人民为中心的理念，摸清群众所思所想所盼，掌握群众所愿所忧所虑，解决群众所急所困所难，构建科学有效的基层治理体系，努力破解基层治理中存在的制度不完善、机制不健全、体制不顺畅、方法不丰富、方式不灵活、能力不均衡、成效不显著等问题，确保基层政权建设与基层社会治理同步推进，确保居民有诉求、组织有回应、服务有保障、群众有感受，使社会矛盾和潜在风险在最基层化解，社会团结和集体共识在最基层凝聚，美好生活和幸福期盼在最基层实现。在改善群众生存环境、提升生活品质的同时，不断提高公共服务普及普惠水平，持续提升社区服务的质量和效能，增进民生福祉，提高人民生活品质，增强基层群众的参与感、获得感、幸福感和安全感，让人民群众享受到更高品质的生活和更高质量的服务，满足群众对美好生活的向往与期待，这既是新时代基层社会治理的出发点，也是检测基层治理成效的首要标准。

（三）创新基层治理是推进国家治理现代化的必然要求

城乡社区是社会治理的基本单元，在社会治理中发挥着基础性作用。基层治理作为新时代国家治理的基石，是提升社会治理成效的基础，同样也是推进社会治理发展的空间场域和实验场地。基层治理创新就是要通过对旧有

---

〔1〕 参见黄敬文：《习近平在参加上海代表团审议时强调当好改革开放排头兵创新发展先行者为构建开放型经济新体制探索新路》，载中国政府网 https://www.gov.cn/xinwen/2015-03/05/10ntent_2828385.htm，2015 年 3 月 5 日。

社区管理制度、既存体制和运行机制的调整与改革，打破国家对基层的一元化主导，引入和培育新的社区治理的参与主体，采用复合型的治理方式和手段，调动民众参与公共事务的积极性和主动性，使其在参与合作、多元议事、民主协商中实现自我成长和自我发展。

为深入推进国家治理体系和治理能力现代化，党的十八大提出："坚决破除一切妨碍科学发展的思想观念和体制机制弊端，构建系统完备、科学规范、运行有效的制度体系，使各方面制度更加成熟更加定型。"党的十八届三中全会首次明确提出了中国全面深化改革的总目标，即"完善和发展中国特色社会主义制度，推进国家治理体系和治理能力现代化"。党的十九大报告指出，新时代中国全面深化改革总目标是"完善和发展中国特色社会主义制度、推进国家治理体系和治理能力现代化"[1]。党的十九届四中全会首次以中央全会的形式，对坚持和完善中国特色社会主义制度、推进国家治理体系和治理能力现代化等议题进行了讨论，明确了推进国家治理现代化的指导思想、目标任务和发展方向，为构建基层社会治理新格局提供了根本遵循。党的二十大报告明确指出，"完善社会治理体系。健全共建共治共享的社会治理制度，提升社会治理效能"。前后对比，从"形成一整套更加成熟、更加定型的制度"到"全面实现国家治理体系和治理能力现代化，使中国特色社会主义制度更加巩固、优越性充分展现"的宏观指引，一方面体现出我们党对于国家治理问题的认识不断升华；另一方面也表现出我们党对体制机制改革问题的逐渐深入。在新时代，健全完善国家治理体制机制是国家治理现代化的基本任务，也是推动国家治理体系和治理能力现代化的必由之路。在新时代的背景下，基层社会治理应当多措并举，不断深化和完善基层治理体制机制，推动构建科学完备、运行有效的制度体系，确保中国特色社会主义制度更加巩固，并使其优越性得以充分展现。

进入新时代，党中央科学把握国情、党情、民情、世情，作出了推进国家治理体系和治理能力现代化的重大战略决策，基层社会治理步入以社区治

---

〔1〕 参见习近平：《决胜全面建成小康社会　夺取新时代中国特色社会主义伟大胜利——在中国共产党第十九次全国代表大会上的报告》，载《人民日报》2017年10月28日，第1版。

理体系和治理能力现代化为发展主题的新阶段。伴随经济社会转型，在城市地区，广大居民群众的切身利益越来越向社区转移，例如，救助工作的社区化管理使困难群众的利益诉求转向了社区；人口老龄化尤其是企业退休人员移交街道社区管理服务，使绝大多数老年人的利益诉求转向了社区；住房商品化使购房户的经济利益诉求在一定程度上转向了房屋坐落的住宅小区以及社区；即使在职居民，也因对房产利益和美好生活的追求而将更多的关注和需求投向了社区。在农村地区，广大农民群众的切身利益与户籍所在地的农村社区紧密相连。他们作为集体经济组织的成员，其土地利益、集体资产、宅基地等经济利益的维护和实现有赖于社区治理的健康发展；社会福利、社会保障、困难救助、基本公共服务等合法权益的维护和实现也有赖于社区治理能力的提升。由此可见，城乡基层社会结构和管理服务体制的深刻变革，迫切需要建立健全社区治理体系，不断提升社区治理能力。

推进国家治理现代化，基层是基础阵地和关键场域。只有基层善治，才能持续推进“大国之治”。但就当前而言，基层社会治理体系明显滞后于经济社会发展现状：第一，治理理念落后，部分基层单位及部门仍坚持僵化的以政府独大的治理理念，未能及时适应经济社会发展的新形势、新要求，容易激发社会矛盾和治理危机。第二，治理手段单一，部分基层行政单位、自治组织过于依赖强制命令、直接干预等行政手段，未能充分运用法律、经济、社会等多种柔性手段进行综合治理，导致治理效果不佳。第三，治理模式单调，不同种类的社区在人口结构、交往关系、组织资源及文化沉淀等方面存在着很多差异，如村改居型社区“困难人口多，物业管理困难”、商品房型社区存在着“居委会、业主委员会、物业公司之间矛盾冲突多”以及混合型社区流动人口、企业“治理难”等困境，各类社区之间的治理要求和差异程度逐渐扩大，传统的“一刀切”“一招鲜”式的治理模式远远不能适应现有的社区治理新形势新要求。第四，治理能力不足，部分基层治理单位由于人员配备不足、能力不足、精力有限等问题，难以有效应对社会发展中的突发问题和挑战，致使基层治理的效能与人民群众的期待存在较大差距。第五，治理机制不完善，少数部门由于制度机制不完善等问题，导致治理过程中存在漏洞和缺陷，容易引发社会不公和腐败现象。针对以上问题，需要采取一系列措施来加强基层治理体系建设，包括更新治理理念、丰富治理手段、提升治理能力、完善治理机制等，尽快适应经济模式转变、社会发展转型、体制机制转轨的宏观时代背景，与新时代的民生建设和民众需要相契合，推动基层治理体系与经济社会发展的协调与同步。

基层治理作为国家治理的基础性工程，具有极其重要的地位和作用。在基层社会治理中持续促进自治、法治、德治“三治”融合，能够夯实国家治理体系和治理能力现代化的基础，为新时代国家治理体系和治理能力现代化提供基础性、支柱性和保障性功能。同时，基层体制机制的适应性改革，有利于破除制约社会发展和基层稳定的制度藩篱，在遵从国家一统体制机制的基础上，呈现并探索基层社会的多样性和特殊性，以此弥补自身短板，提高体制韧性，进而增强国家治理体系的整体韧性。

第二节　回到基层逻辑：国家治理现代化背景下的基层治理创新

随着全球化的加速和社会经济的快速发展，基层治理面临越来越多的挑战和机遇。国内外学者普遍认为，基层治理创新是提高社会治理效能、促进社会稳定和谐的重要途径，对基层治理创新的研究具有重要的理论和实践价值。

一、国内有关基层治理创新的学术探讨

（一）研究趋势分析

本节以“基层治理创新”为关键词，精确检索2000年1月至2024年3月之间中国知网（CNKI）内的期刊文献，包括基层政府治理创新和基层社会治理创新。为减少误差，手动筛选剔除会议综述、期刊导语、报纸宣传等非研究性文献，最终确定965篇文献进行分析并绘制知识图谱。

发文量可直观反映学界对某一研究主题的重视程度。由图1－1可知，2006至2013年为萌芽阶段，发文量一直维持在5篇以内；2013年至2020年，

有关社区养老服务的研究总体呈现增长趋势，研究热度不断提高，并在2014年后进入快速上升阶段，2019年、2020年发文量连创新高，并在2020年达到峰值，此后虽有所下降但仍维持在较高水平，这与政府的重视程度和国家政策的影响密切相关。由于文献检索时间未覆盖2024年全年，所以该年份文献量仅检索15篇。

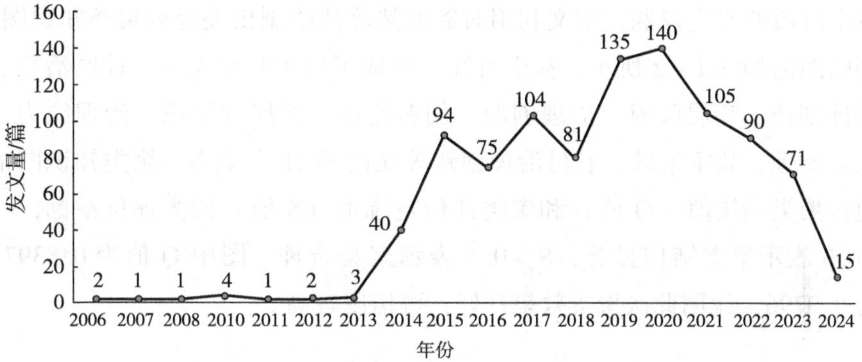

图1－1　国内基层社会治理创新相关研究年发文量

对基层治理创新相关文献关键词出现的频数进行统计，排名前20的关键词如表1－2所示。通过频数和中心性指数可大致了解到我国基层治理创新领域的研究集中于“基层治理”“社会治理”“社区治理”“基层党建”“乡村振兴”“治理现代化”等方面，这些关键词分别代表不同时期基层治理创新研究领域中出现的高频词。

表1－2　国内基层治理创新相关研究关键词统计

关键词	频数	中心性	起始时间	关键词	频数	中心性	起始时间
基层治理	131	0.12	2012	基层党组织	28	0.12	2015
社会治理	128	0.63	2014	基层	22	1.02	2014
基层社会治理	99	0.51	2014	新时代	16	0	2018
创新	84	0.59	2014	基层社会	16	0.77	2014
社区治理	55	0.09	2014	治理	14	0.8	2014
社会治理创新	50	0.62	2014	农村	12	0.81	2014
治理创新	50	0.36	2015	乡村振兴	12	0.55	2018
基层党建	49	0.48	2016	治理现代化	11	0	2014

续表

关键词	频数	中心性	起始时间	关键词	频数	中心性	起始时间
基层治理创新	45	0.83	2014	城市基层党建	10	0.15	2017
党建引领	33	0	2019	基层政府	9	0	2014

在关键词排序的基础上，进行聚类分析并绘制关键词聚类图谱，可以分析特定时段的研究议题。本文利用对数似然算法绘制出关键词聚类知识图谱，得到的图谱如图 1－2 所示。从中可知，形成了城市基层党建、社区治理、基层治理创新、基层政府、治理创新、创新路径、基层党组织、治理能力、基层社会治理、数字治理、农村治理创新等在内的 11 个聚类。聚类知识图谱参数包含聚类模块值（Q 值）和聚类评价轮廓值（S 值）两类评价指标，一般 Q >0.3 表示聚类结构显著，S >0.5 表示聚类合理。图中 Q 值为 0.8397，S 值为 0.9796，说明此次聚类效果良好，可信度较高。

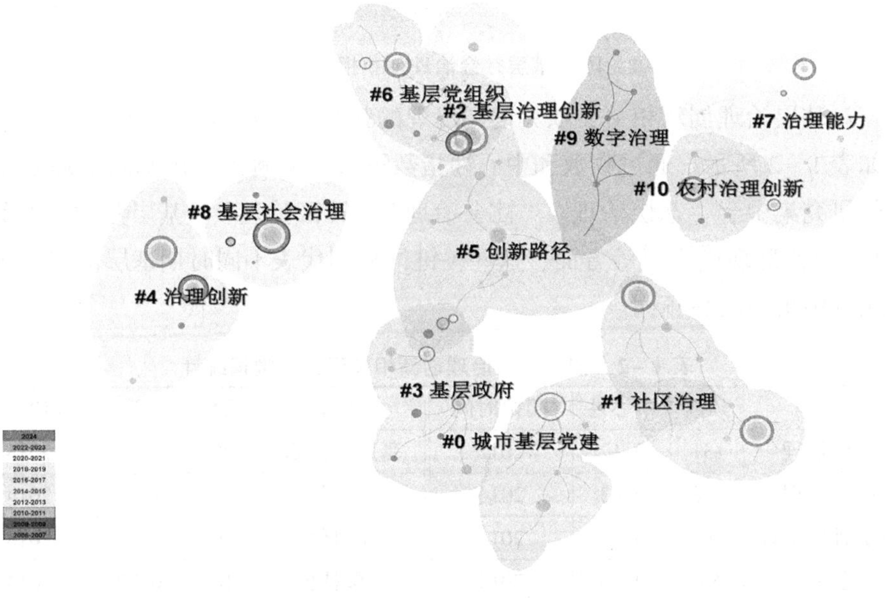

图 1－2　国内基层治理创新相关研究关键词聚类知识图谱

如图 1－3 所示，经过关键词共现分析，可明确识别特定时间段内的研究焦点。本书运用此方法，对基层治理创新领域的期刊文献进行深入剖析，构建出关键词共现图谱。图谱的网络密度达到 0.0177，显示出关键词之间存在紧密的关联性。通过细致分析，我们发现基层治理创新的研究议题呈现多元化趋势。从节点大小来看，基层治理、基层社会治理、社会治理、创新、社区治理、基层党建是出现频次较高的关键词。从各年份的研究热点来看，2013 年之前，普遍将基层治理置于社会治理的概念范畴进行讨论，2014 年之后基层治理创新逐渐成为独立议题被学界关注，近五年来相关研究的热点正逐渐转向“党建引领”“治理能力”“多元共治”“体制创新”“智慧治理”“整体性治理”等领域。在关注宏观层面的同时，基层治理创新的内在模式、运行机制、创新旨趣等微观层面的研究更加深入。

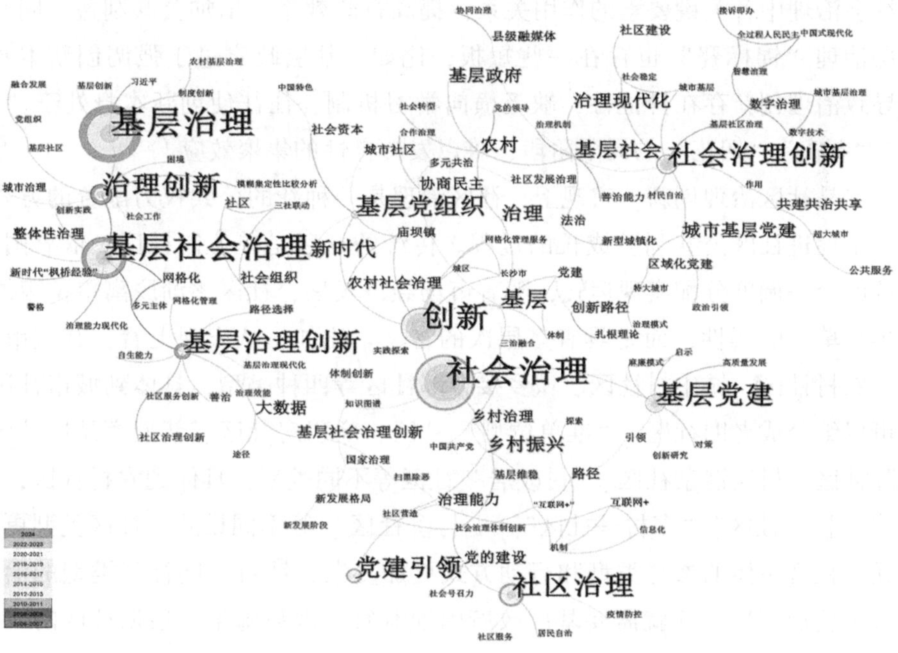

图 1－3　国内基层治理创新相关研究关键词共现图谱

（二）既有文献研究

基层治理创新在我国公共管理学、政治学以及社会学领域均占据重要地位，吸引了大量学者和专家的深入研究，其研究成果亦颇为丰富。根据研究目标的不同，研究成果大致可分为以下类别。

一是基层政府创新。改革开放以来，地方政府的竞争格局出现转型，逐渐以经济增长为主的政府竞争转向更加多元化的方向，其中社会治理创新日益成为竞争的焦点。[1] 然而，与经济绩效相比，社会治理绩效因其较低的可视性，使得上级政府对下级政绩进行精准、客观的评估和激励面临挑战。[2] 为在竞争锦标赛中脱颖而出，地方政府不断通过政策创制和实践创新，协调体制机制内部各要素的相互关系，为实现系统创新提供支持，从而提高政府治理水平，实现公共利益最大化。地方政府有关治理创新的机制涵盖动力机制、生成机制、扩散机制、运作机制等方面，通过融入新要素和新思路，改善社会治理中各关键要素的作用关系，提高行政效率，增加公共利益。同时，基层治理"锦标赛"也存在一些短板，比如，基层政府过于强调创新本身，将导致治理创新存在排他性，缺乏横向学习机制，往往使创新本身处于"盆景""孤岛""烟花"的局限阶段，难以发挥良性的集聚效应。[3]

二是社区治理创新。宏观上，社区治理是一种新的公共权力配置的方式，是一个促进社区公共利益成长的过程。传统的社区是单位制社区，依靠国家资源的统一调度分配实现运转，随着市场经济发展，社区逐渐脱离单位束缚，不再是单一的属性，而是具有多层次的含义。比如，从宏观上看，有城市社区、农村社区、城中村社区、城乡接合部社区等四种类型，具体到城市社区，又可以细分成老旧社区、"准单位型"社区、廉租房社区、新型商品房社区、国际社区、村居混杂社区、"村改居"社区等不同类型；具体到农村社区，又有"一村一社区""多村一社区""一村多社区"等不同模式。社区类型更为多元，社区主体的参与类型和行动方式更加复杂，针对不同社区类型的治理方式也更加多样。这就需要基层政府因地制宜、因势施策，根据社区的具体类型、经济水平、资源配置、居民需求等实际情况，结合社区居民的现实需要和观念，创新社区治理的方式方法，提升社区治理精细化水平，坚持思路

---

〔1〕参见何艳玲、李妮：《为创新而竞争：一种新的地方政府竞争机制》，载《武汉大学学报》（哲学社会科学版）2017 年第 1 期，第 87－96 页。

〔2〕参见周黎安：《中国地方官员的晋升锦标赛模式研究》，载《经济研究》2007 年第 7 期，第 36－50 页。

〔3〕参见陈家喜、汪永成：《政绩驱动：地方政府创新的动力分析》，载《政治学研究》2013 年第 4 期，第 50－56 页。

创新、理念创新、机制创新，在加强和完善社区治理的同时，提供更加多元化的社会服务，从单一的管理模式向强调协调合作的治理方式转变。

三是基层治理创新。中国现代化过程中对“超常绩效”的追求往往会催生国家改造社会的“远大抱负”，基层治理由此成为协调发展与秩序内在张力的主要场域。[1] 伴随着基层治理重要性的日益凸显，地方政府从“为发展而竞争”进入“发展与治理竞争并存”的双轨竞争阶段。基层治理创新绝非政府的独角戏，市场主体、社会组织、社会成员也积极介入社会治理创新领域，主动将积累的创新经验和模式理论化和概念化，并将创新成果传播扩散到其他区域。[2] 在结构变迁、制度压力与绩效考核指标的变化下，为获取相对竞争优势，地方政府逐渐从为国内生产总值等指标增长而竞争转向为社会创新而竞争，一定程度上能够促进地方政府更加关注公共利益和民生福祉，从而进入为善治而竞争的轨道。[3]

二、国外有关基层治理创新的学理分析

国外学者普遍认为，基层治理是各治理主体着眼特定目标，通过合作、命令、监督和控制等治理手段和治理策略实现公共秩序或集体行动制度化的过程。[4] 基层治理的体制机制即在此过程中形成的协作关系结构，抑或组织架构关系。

一是多层治理研究。多层治理是应对国家治理复杂性和多样性的一种新的策略回应，侧重从不同规则、不同视角和不同维度，整体性、科学化地协调治理主体之间的关系，以实现资源的优化配置和治理效能的最大化。[5] 多

---

〔1〕 参见冯仕政：《发展、秩序、现代化：转型悖论与当代中国社会治理的主题》，载《中国人民大学学报》2021 年第 1 期，第 110－122 页。

〔2〕 参见付建军：《社会组织驱动的基层治理创新：案例观察与模式比较》，载《社会学评论》2023 年第 2 期，第 114－132 页。

〔3〕 参见何艳玲、李妮：《为创新而竞争：一种新的地方政府竞争机制》，载《武汉大学学报》（哲学社会科学版）2017 年第 1 期，第 87－96 页。

〔4〕 See Aligica，P. D.，*Public Administration*，*Public Choice and the Ostroms*：*the Achievements*，*the Failure*，*the Promise*，Public Choice，2015，163（1－2）：111－127.

〔5〕 See Agranoff R.，Mcguire M.，*Expanding intergovernmental management's Hidden Dimensions*，American review of public administration，1999，29（4）：352－369.

层治理作为一种全新的治理理念，它突破了传统治理模式的局限性，强调多元治理主体之间的协调与合作。多层治理可归为两种治理类型：其一是对单一政府的分析，注重讨论政府机构的管辖权力、独特功能、运作逻辑以及综合决策等职能；其二是对政策制定和执行部门的分析，主要围绕特定治理目标，通过政策网络实现跨区域、跨层级和跨部门的合作与协调。一定意义上来说，多层治理模式不仅关注纵向多级政府之间的关系，还注重横向政府、市场与社会各行动主体之间的多元分歧。[1]

具体到中国语境，多层治理中的纵向层面是指中央与地方各级政府间错综复杂的府际关系结构，实际展现为科层体系中多个治理单元间的协同互动，“地方政府在‘条条块块’结构中呈‘向上集中’与‘向下扩展’双向结合的特征……‘条条’和‘块块’分别通过自己的组织系统把中央的精神传达贯彻到地方和基层”[2]。横向层面，多层治理注重协调不同政府部门、市场主体、社会组织及社会成员之间的关系网络，通过沟通、协商和妥协，以达成共识和共同行动。[3] 通过纵向和横向两个维度的协调与合作，多层治理有助于实现资源的优化配置和治理效能的最大化。

二是多中心治理研究。以奥斯特罗姆（V. Ostrom）为代表的制度分析学派提出了多中心治理理论，认为社会公共事务的管理由政府、非政府组织、私人机构和公民个体在内的多个决策中心共同参与负责，并非只有政府一个主体，多个中心在一定的规则约束下，以多种形式共同行使主体性权力。[4] 布坎南（J. Buchanan）则提出“政治市场”理论，强调社会力量和公民在政

---

〔1〕 See Bulkeley H. , Kern K. , *Local Government and the Governing of Climate Change in Germany and the UK*, Urban studies, 2006, 43 (12): 2237 – 2259.

〔2〕 参见周尚君：《地方政府的价值治理及其制度效能》，载《中国社会科学》2021 年第 5 期，第 153 页。

〔3〕 See Eshuis J. , Braun E. , Klijn E. , *Place Marketing as Governance Strategy: An Assessment of Obstacles in Place Marketing and Their Effects on Attracting Target Groups*, Public Administration Review, 2013, 73 (3): 507 – 515.

〔4〕 参见［美］奥斯特罗姆：《美国公共行政的思想危机》，毛寿龙译，上海三联书店 1999 年版，第 62 页。

治过程中的主体性。[1] 罗西瑙（J. Rosenau）强调社会自治的能力，并且认为社会治理的扁平化是大势所趋。[2] 萨拉蒙（L. Salamon）则进一步指出，非政府组织和政府之间潜在的伙伴关系是实现公共服务目标的重要条件，政府的支持和培育对于非政府组织的发展来说有着难以替代的作用和价值。[3] 以上研究都将公民、社会组织、媒体等作为政治参与者，这些社会力量相互支持并都在具体的社会治理实践中扮演重要的角色，从而与政府一起，形成现代社会的多中心治理结构。

三是社会治理模式的影响因素。在当代西方国家中，其治理理念的革新以及治理路径的转变，实质上源自对不断涌现的新治理条件的不同解读，这种解读的差异进一步催生了若干新的治理因素。政治体制和政治认同一直是社会治理机制的影响因素，经济发展水平及收入分配水平被认为是社会治理机制的主要影响因素，比如杰索普（B. Jessop）[4]、卡夫曼（D. Kaufmann）和克拉依（A. Kraay）[5] 所做的研究。还有学者认为区域位置与地理因素在社会治理中占据举足轻重的地位，地缘特性直接影响了社会治理的具体实施模式与路径选择，这点在边疆治理的相关研究中尤为明显。纽曼（D. Newman）将边疆治理的概念界定为跨越国家边界的复杂议题，需要在全球化、多元文化主义、国家中心主义等多重背景下，分析理解边疆治理的相关问题。[6] 近些年来，文化因素在社会治理机制与路径的探索中展现出显著的重要性，成为新的研究焦点。在这一学派的观点中，社会资本、宗教信仰、文化传统等因素被普遍认为是社会治理必须深入关注的核心议题，它们对于社会治理创

---

〔1〕 参见［美］布坎南：《自由、市场和国家》，吴良健、桑伍、曾获译，北京经济学院出版社 1988 年版，第 87 页。

〔2〕 参见［美］罗西瑙：《没有政府的治理：世界政治中的秩序与变革》，张胜军、刘小林等译，江西人民出版社 2001 年版，第 355 页。

〔3〕 参见［美］萨拉蒙：《公共服务中的伙伴——现代福利国家中政府与非营利组织的关系》，田凯译，商务印书馆 2008 年版，第 256 页。

〔4〕 See Jessop B., *The Rise of Governance and the Risks of Failure: the Case of Economic Development*, International Social Science Journal, 1998, 50 (155): 29 – 43.

〔5〕 See Kaufmann D., Kraay A., *Growth Without Governance*, Social Science Electronic Publishing, 2002, 3 (1): 169 – 227.

〔6〕 See David Newman, *Borders, Boundaries, and Borderlands*, New York: John Wiley & Sons, Ltd., 2017.

新模式的形成与运行机制的完善具有决定性的影响。[1] 这些研究从不同侧面开展学术分析，为社会治理创新的开展提供了更为多元的选择模式。

国外学者在研究基层社会治理创新时，采用了多种研究方法和视角。其中，案例研究、比较研究、定量研究等方法被广泛运用。同时，跨学科的研究视角也逐渐成为主流，如社会学、政治学、公共管理、经济学等学科的交叉融合为基层社会治理创新研究提供了新的思路和方法。国外基层社会治理创新研究主要关注以下几个方面：一是深入研究社区治理的新模式和新机制，探讨如何更好地发挥社区在基层社会治理中的作用；二是进一步研究社会组织的发展和创新路径，推动社会组织在基层社会治理中发挥更大作用；三是关注信息化技术在基层社会治理中的应用和发展趋势，探索如何利用信息化技术提高基层社会治理效能；四是加强跨学科研究，推动不同学科之间的交流和融合，为基层社会治理创新提供更多的思路和方法。

国外在这一领域的学术探讨和实践为我国社会治理改革创新提供了依据，也为我国学者研究当下的基层社会治理问题提供了有益的启示和借鉴。例如，重视公民参与和多元主体合作、加强社会组织建设、推动信息化技术应用等。但必须看到，中国的基层社会无论在历史发展、行政区划还是地域文化上始终与国外情况存在很大不同，基层社会的特殊属性和结构要素亟须立足本土实践开展更具中国化的理论研究和学理探讨，需要结合基层实际提出促进社会协调发展的对策建议。

上述探索均从理论与实践的不同层面，为社会治理模式创新奠定了良好的基础，为基层治理理论的不断开拓发挥了重要的推动作用。综合国外和国内研究来看，近年来，对于基层治理创新的研究逐渐从宏观制度分析转向行为与情境研究。实证类研究强调深入基层体制运作的内部构造，借助个案研究、比较研究等方式，注重对个别地区、典型经验、治理成效等进行深入剖析和挖掘，关注地方文化、乡规民俗、社会主体等多重影响因素，从细微处剖析创新行为的动力源、组织运作与实际效能，讲求对多元主体、行为策略

---

〔1〕 See Putnam R., *Social Capital: Measurement and Consequences*, Canadian Journal of Policy Research, 2001, 2 (1): 41-51.

和组织过程等方面的综合呈现，力图描摹更为生动鲜活、更加殊异的创新个案，包括党政关系的互动、条块关系的协调、组织人事关系的激励、政策执行的种种策略等，能够以小见大地反观某一地域基层社会治理的效能和水平，对于我们了解基层治理的具体情境和衍生环境具有重要意义。

值得反思的是，在强调微观层面的创新行为及其效能的同时，并不能忽略基层治理创新背后的整体性特征。现有研究存在的不足主要表现在以下方面：首先，研究视角上，多从经济学、社会学、管理学等角度出发，利用多学科视角，结合多地多点的社会治理情境与体制机制展开的学术讨论与理论探索较少。其次，研究内容上，既有讨论大多数将关注点置于基层社会的内部因素及耦合关系，尽管从实践层面看，可操作性、可感知度很高，然而，过于具体化、个案化的分析对象或者偏向静态、单一情境的学理分析，并不能够准确刻画基层治理创新过程的复杂性，容易导致研究成果及典型经验存在区域性很强、普适性不足、适用范围较窄的问题，因而从静态、具象的讨论拓展到过程、机制和行为的研究有其必然性。最后，有关社会治理创新的问题通常被固定在有限的研究范畴，宏观层面或微观层面的研究较多，但介于宏观和微观之间的中观层面的研究数量不多，对于基层体制运作的全貌而言，这种分析显然不够深入，一定程度上忽视了创新行为与基层政权建设、社会体制机制之间的密切关联，缺乏将创新行为本身与基层社会发展基础、创新模式、行动单位、动力机制、耦合关系、扩散方式、体制改革等要素上升到中观及宏观层面的理论架构和学理分析，亟待将微观社会治理研究与宏观社会建设研究结合起来拓展一些研究议题，以充实关于基层治理创新的一般认识。

第三节 研究问题与主要内容

以党的十一届三中全会为起点，经过四十多年的改革开放，我国在政治、经济、文化等方面得到了深入发展，同时社会领域也处于急剧的改革转型之中，社会结构、社会形态、社会关系、社会秩序均发生了深刻变革。进入新时代，随着政治经济社会体制改革的不断深入，我国现阶段社会利益关系日益复杂化、社会利益主体日益多元化、社会利益矛盾日益多样化，传统的社会管理模式与社会发展新趋势出现了不相适应的问题。我国正经历着从传统的自上而下的治理模式向多元主体协作共治的模式转型，在这一过程中，创新和完善中国特色社会主义治理理论与体系，探索中国式社会治理现代化模式，成为中国式现代化的重要组成部分。

一、研究问题

回溯基层社会治理模式的更迭，可以发现，基层治理领域的广泛性、复杂性以及创新经验的多样性为我们提供了丰富的研究视角和思考空间。费孝通指出，在“皇权不下县”时期的国家政权运作采用“双轨政治”模式，分为上下两条轨道。上层是具有官僚性质的政权体系，下层是以乡绅为主的基层自治体系，这两个体系相互补充，共同维持着社会的稳定与发展。〔1〕清末新政之后，国家权力企图深入乡村社会。〔2〕对于乡村社会在内的基层社会的改造逐步成为国家政权建设的一部分，也被视作国家政权现代化的过程。〔3〕之后的人民公社制度，成功地实现了国家政权在基层的直接干预和全面控制。社会管理通过“国家—单位—个人”的关系结构得以实施。“单位制”在城乡的表现形式各不相同。在城市，大多数的居民被纳入工厂、商店、机关、学校等组织，依靠正式单位实行“单位制”管理，家庭妇女、无业游民、个体商贩、自由职业者等群体划归街道和居民委员会进行管理。农村村民依托“三级所有、队为基础”的人民公社组织。这种组织管理模式虽然能够实现高效有序的社会治理，但也存在一定的局限性，如对社会流动的制约和对社会活力的束缚。在人民公社解体，特别是改革开放之后，基层社会逐渐呈现一种“双结构治理”的特征，即地方民众自发的社区治理和国家自上而下的治

〔1〕 参见费孝通：《乡土中国》，上海人民出版社 2006 年版，第 275 页。

〔2〕 参见［美］杜赞奇：《文化、权力与国家——1900—1942 年的华北农村》，王福明译，江苏人民出版社 1995 年版，第 205 页。

〔3〕 参见［美］杜赞奇：《文化、权力与国家——1900—1942 年的华北农村》，王福明译，江苏人民出版社 1995 年版，第 205 页。

理模式互相嵌入并相互作用，共同塑造着新时期国家政权建设的社会基础，共同推动着基层政权建设的稳步发展。[1]

当前，我国基层治理正迎来一个“强国家”的时代，国家权力对于基层的渗透力和影响力明显增强。[2] 伴随国家权力的强化，基层并非被动地被纳入国家治理的一体化进程中，而是凭借自身更强的适应转化机制和守正创新能力，通过体制机制创新、自我赋权赋能等方式来加强自身建设，以自身的力量吸纳、应对、调适新的社会环境。基层虽然只具备较弱的基础性权力，但是体制适应和自我创新属性是根深蒂固的，并且在适当的情景条件下可以凭借一些运行机制来激活，比如通过加强中心工作和领导小组、优化过程管理和监督控制权等方式，实现基层体制的高度集中与统合。[3]

一定意义上，基层并不是以“复制”的方式来发展，而是通过“再生产”的形式实现更新。[4] 创新便是推动基层治理体系和治理能力现代化的有效工具，是在国家权力下沉的过程中，推动形成国家权力强化和基层体制双强局面的重要抓手。因此，本书的核心关注点在于如何认识、理解和解释基层治理领域的创新行为，创新如何在国家权力集中与基层权威提升的过程中发挥作用。本书旨在跳出一般化的论述，深入探究基层治理创新的本质特征，同时从多层治理、多元互动等视角出发，探讨基层治理创新所涉及的一些根本问题，以展现社会转型期基层社会治理的丰富内容与多重面向，阐释基层社会的多维属性、实体的延展性与实践的复杂性。

以此为基础，本书所要探索的核心问题是新时代基层治理创新呈现哪些趋向，与过去相比，有哪些新的特点，基层治理创新如何更好地为人民迈向美好生活服务。基层治理创新的政策逻辑、主要领域、创新模式、潜在问题

---

〔1〕参见林辉煌、王德福：《双结构治理与国家政权建设——以粤北高村的治理实践为表达对象》，载《中国农业大学学报》（社会科学版）2012 年第 1 期，第 93－101 页。

〔2〕参见桂华：《迈向强国家时代的农村基层治理——乡村治理现代化的现状、问题与未来》，载《人文杂志》2021 年第 4 期，第 122－128 页。

〔3〕参见仇叶：《行政权集中化配置与基层治理转型困境——以县域“多中心工作”模式为分析基础》，载《政治学研究》2021 年第 1 期，第 78－89 页。

〔4〕参见赵旭东、孙笑非：《中国乡村文化的再生产——基于一种文化转型观念的再思考》，载《南京农业大学学报》（社会科学版）2017 年第 1 期，第 119－127 页。

及发展趋势等是当前理论层面和实践层面均需厘清的问题。基于以上问题意识，本书以多层治理理论为基础，以党的十八大开启的中国特色社会主义基层社会治理新时代为时间坐标，围绕党的十八大以来国家层面有关基层社会治理创新的政策设计，结合生动翔实的地方实践成果，从基层治理创新的影响要素建立逻辑框架，运用案例分析方法，通过全景式扫描，剖析了新时代基层社会治理的政策导向与实践路径，探寻基层社会尤其是城乡社区治理创新的时代取向、实践脉向和未来走向，为进一步推动基层治理创新提供理论指导和实践借鉴，构建新时代基层治理现代化的创新方向，全面、整体、系统地描摹刻画新时代社会治理现代化的发展图景。

基层治理创新是近年来社会学、管理学、政治学等学科的研究热点，学术界分别从创新方式、体制机制、影响因素、可持续性、扩散路径等方面对现有基层治理机制和社区治理模式进行了理论探索和学理分析。本书在既有研究的基础上，以“一统万殊”为核心议题，致力于对基层社会治理在社会转型期的创新实践进行总体描述和概括性分析，从多个层面探讨社会治理领域“一”与“多”的问题。基层治理创新所特有的“一统万殊”的典型特点，主要体现在以下方面：体制机制层面，探讨一体体制与多元探索的有效模式；创新执行层面，涉及一体统筹与多点发力的有益互补；治理成效层面，着重呈现固本夯基与多元聚力相得益彰。

二、主要内容

以基层社会变迁与社会转型为线索，本书将厘清我国基层治理创新的不同发展阶段，结合国家赋予基层社会的时代任务与历史使命，聚焦基层社会治理创新的动力基础、体制保障、发展趋势和实施路径，以更好地理解守正创新在基层治理中的重要意义，为推进社会治理高质量发展添砖加瓦。

鉴于本书以系统刻画新时代基层社会治理创新的整体图景为研究旨趣，本书将采取如下的结构安排。

第一章从政策文本的视角系统梳理基层社会治理的发展脉络，从国家宏观政策层面分析基层治理的政策话语特点与演变的历史进程，并结合时代发展、现实实践等方面分析基层治理创新的理论价值与现实意义，指出“回到基层逻辑”是推动基层治理现代化的首要前提。

第二章从纵横双重维度剖析基层的现实处境与发展走向，从纵向央地关系的角度，系统分析中国行政体制的运作如何影响基层治理，尤其是党的十八大以来，党的政治建设与组织建设、财税体制改革、干部任免权限、行政审批权限等核心制度变革对基层的重大影响；从横向政社关系的角度，观察政府与社会、社会组织的关系调整与互动，基于前两项内容，分析多重维度下的基层政权建设，侧重对于县、乡镇、街道发展模式与阶段性特征的概括提炼。

第三章侧重于分析基层治理创新的本质内涵、基本模式和影响因素，认为共建共治共享、“三治融合”是基层治理创新的本质要求与重要方向，并介绍了自上而下型、上下衔接型、自下而上型三种创新模式，对基层治理创新的发展模式与现实样态作出概括。

第四章对基层治理创新的动力机制、创新路径、主要领域展开论述，试图展现基层治理领域的动力源泉和丰富图景，从基层视角理解创新实践的必要性与发展基础。

第五章着重分析了党的十八大以来基层治理创新的发展趋向，认为基层治理在新时代新时期呈现出更为明确的发展趋向和强劲的发展动力，实验主义创新成为主流，治理重心下移趋势明显，农村治理创新异彩纷呈，试图描绘与展望基层治理创新的整体图景和发展方向，为基层治理的理论总结与实践凝练提供参考。

第六章对基层治理中“伪创新”“微创新”“唯创新”等现象进行剖析，对“创新论”引发的多种挑战与困境展开讨论，认为基层治理创新存在形式化困境、可持续性困境、扩散困境和技术治理困境，在实践过程中应注意规避此类问题。

第七章介绍了国外社区治理创新的基本情况，重点对英国、美国、日本、新加坡、德国、北欧五国的基层治理情况做出介绍，结合各国的行动框架和经验教训，认为要以中国基层治理的实际情况为指引，审慎审视西方治理的探索历程，同时利用他山之石，注重转变政府角色，加强组织协作，倡导自治协商，强化赋能增效，拓展科技应用。

第八章对全书作出总结，基层治理创新本质上是在创造有效性中累积合法性的有力手段，具有“一统万殊”的核心属性。纵向多层治理结构上，呈现“一极多层”的制度优势，横向多元主体关系上，具有“一核多元”的典型特点。为此，应加强和创新基层社会治理，优化顶层设计、注重基层创新，尊重首创精神、拓展自治空间，健全评估机制、完善制度体系，回应群众关切、增进民生福祉。

本书旨在从社会学的视角出发，以社会分析视角进行深度拓展，结合我国基层治理创新的典型案例，将理论研究与实践创新紧密结合，聚焦以下研究目标：一是清晰界定社会治理模式创新的基本概念与内涵，对于界定模糊或使用上存在混淆的定义、关系等进行明确，旨在为后续的深入研究奠定坚实的理论基础。二是对基层治理创新的基本模式、影响因素及实践路径进行系统的梳理和总结，从宏观视角深入剖析基层治理创新的内在机制与运行规律，对基层治理创新进行全面阐述。三是在纵横向双重权力结构的视角下，结合理论与实践，阐释我国基层治理创新的发展趋势、典型特点和主要内容，厘清中国基层社会治理模式创新的诸多问题，如形式化困境、扩散困境等，由此从制度、体制机制、路径上，为基层治理创新的未来发展提供借鉴和启示。

本书的理论意义在于，通过对基层治理创新的本质内涵、发展模式、影响因素、动力机制、发展趋向、困境挑战等方面的系统梳理，全面考察基层治理创新的现实样态、发展轨迹和变迁逻辑，阐释其变化的多样性及背后的发展逻辑，从而获得对新时代基层社会治理实际状况与运行规律的理解，形成一套系统的理论解释框架，用以解析基层社会治理的复杂性，为实践提供学理支撑。借助基层治理创新的不同实践，深入了解基层社会治理的创新场域、类型和趋势，同时超越局部的、零散的、具体的创新实践，进而提出加强和创新基层社会治理的对策建议，推动形成“一核多元、融合共治”的基层社会治理格局，不断提升基层治理体系和治理能力现代化水平。

第四节　核心概念解读

基层社会治理是一个复杂而重要的概念，涉及多个主体、多个层面和多重机制，包括基层社会、社区等概念，并与社会建设、社会管理、社会治理的概念密切相关，它作为社会治理理论的重大创新，为社会自主治理释放了更大的空间。通过对基本概念的解读，可以更好地理解基层社会治理的内涵、特点和体制机制，从而深入理解基层社会治理的发展脉络和逻辑进路。

一、基层与基层治理

基层主要指以行政区划划分的，作为国家政权的基层组织所管辖的行政区域。基层是国家行政组织体系中的基础层级，是国家治理中最为基础的治理层级，也是联系群众的最直接层面。在科层制结构中，基层政权处于行政权力机构的末梢，主要指县域及以下的政府部门或政府派出机构，也包括城乡社区群众性自治组织以及公共权力系统中其他职能部门。按照宪法规定，我国的行政区域分为省、自治区、直辖市；省、自治区分为自治州、县、自治县、市；直辖市和较大的市分为区、县；县、自治县分为乡、民族乡、镇。按此划分，乡（民族乡）、镇层次的政权属于基层政权，城市的区级政权也属于基层政权范畴。市辖区或不设区的市政府设立的街道办事处尽管不属于一级政权，但它作为城市基层政府的派出机关，属于城市基层政权体系的重要组成部分。

基层社会是富有中国特色的一个概念，泛指城乡社区。2017 年，《中共中央 国务院关于加强和完善城乡社区治理的意见》，提出“城乡社区是社会治理的基本单元”，奠定了城乡社区在我国社会治理中的基本地位。2019 年，党的十九届四中全会尤为鲜明地对基层给予高度重视，明确提出了构建基层社会治理新格局，健全充满活力的基层群众自治制度等重要举措。通常意义上理解，基层社会治理指在党的统一领导下，包括基层政权组织、社会组织、市场主体等多种力量对基层辖区内所有公共事务的治理，包括向社会大众提供公共服务、民生保障、利益调处、矛盾化解等服务，以及创造和谐有序生活环境的各种活动。从狭义上看，基层社会治理，便是治理基层社会，是以社会为治理对象的治理活动；从广义上看，基层社会治理却可被大致区分为两个层面，既是国家对基层社会的治理，又指基层社会的自我治理，前者是为实现国家目的而对基层社会进行的管理，后者是社会民众对与自我相关的事务进行的治理。因而，基层社会治理创新的对象主体除了社会面的各类主体，如“五社联动”的社区治理行动框架，以社区为平台、社会工作者为纽带、社区社会组织为支撑、社区志愿者为辅助、社区公益慈善资源为补充，乡村社会中多元化精英群体，如驻村干部、退休返乡人员、下乡技术人员等力量，也包括了科层制行政体系中的基层政府及其工作人员。

基层治理与国家治理之间存在密切的关系。基层治理是国家治理的基石，是实现国家治理体系和治理能力现代化的基础工程。基层治理是国家治理的重要支撑。从政治用语的角度来看，“基层”通常指国家政权组织体系中最接近人民群众的层级，基层治理的状况直接影响到国家与人民群众的关系以及国家的长治久安。基层治理涵盖基层政府治理和基层社会治理两方面的内容，关涉乡镇（街道）和城乡社区的日常公共事务应对，基层党组织、乡镇政府、街道办事处、群众性自治组织、社会组织、市场主体、社会工作者以及居民等主体，在党组织的统一领导下，共同参与公共事务，协同处理具体事项，以实现公共利益的最大化。这种协同合作的方式能够确保国家政策的顺利实施，同时也能够增强社会的凝聚力。

从创新内容看，基层社会治理创新包含两部分：一是针对治理对象的创新，包括了治理主体、治理手段、治理工具的创新，如多元协商治理机制的构建、一站式服务的组建、在线政务平台的搭建等；二是针对治理主体的创新，囊括治理理念、治理组织、治理机制的创新，如提出与时俱进的治理思维、推动大部制改革、优化治理流程等。总的来说，创新是对各类要素的重新排列组合〔1〕，基层治理创新便是对基层蕴含的各类要素重新排列组合的过程，涵盖技术性变化产生的技术创新和非技术性变化产生的组织创新。基层社会治理领域的观念创新、理论创新及实践创新，不仅是推进基层治理体系现代化建设的有效举措，同时也是补齐基层社会建设短板的现实要求。

二、社区与社区治理

（一）学术界对“社区”的释义

“社区”是社会学的一个重要概念，最早出现于德国社会学家滕尼斯

〔1〕 参见［美］熊彼特：《经济发展理论》，何畏、易家详等译，商务印书馆1990年版，第28页。

(F. Tönnies，1855—1936) 1887 年出版的著作《社区与社会》(又译作《共同体与社会》)。滕尼斯把社会生活的表现形式分为“社区”(gemeinschaft) 与“社会”(gesellschaft) 两种类型，以此说明社会演进的趋势。“社区”是基于血缘关系、亲族感情和伦理团结等本质意志而结成的社会联合，在这种联合体中，情感的因素、共同的意志和传统的习俗占优势并支配着个体的行为选择，人与人之间相互熟知、关系密切、出入相友、守望相助，社会成员对本社区有较强的认同感和归属感；相对而言，“社会”是通过权力、法律、制度等刚性约束和理性意志所建构的社会联合体，是依赖有计划的深谋远虑、理性的利益权衡、规范的契约精神等要素运作维持的机械的人群组合。

20 世纪 20 年代，美国学者罗密斯 (C. P. Loomis) 首次将滕尼斯的著作《社区与社会》译成英文，并将滕尼斯所论述的“社区”的概念翻译为“community”。芝加哥学派代表人帕克 (R. E. Park) 认为，社区是“占据在一块被或多或少明确地限定了的地域上的人群汇集”[1]，由于人的生产方式和生活方式都是在某一范围的土地上开展，并且个体之间相互依存，所以说，社区不仅是人的聚集，同时也是组织制度、生产方式、人际关系的汇集。相较滕尼斯的观点，帕克更为强调社区形成的“目的性”以及土地对社区的重要意义。

中文的“社区”一词源自 1933 年以费孝通为代表的燕京大学的学生对英文“community”所做的阐释。他们在翻译帕克的论文集时，为了区分“society”与“community”，首次将“community”译为“社区”，将“社区”一词引入中国。1948 年，费孝通先生在文章《二十年来之中国社区研究》中，回顾了“社区”一词的由来：“当初，community 这个词介绍到中国来的时候，那时的译法是‘地方社会’，而不是‘社区’。当我们翻译滕尼斯的 community 和 society 两个不同概念时，感到 community 不是 society，成了相互矛盾的不解之词。因此，我们感到‘地方社会’一词不恰当。那时，我还在燕京大学读书，大家谈到如何找一个确切的概念。偶然间，我就想到了‘社区’

[1] 参见娄成武、孙萍：《社区管理学》，高等教育出版社 2006 年版，第 3 页。

这两个字样，最后大家援用了，慢慢流行。”这就是“社区一词的由来。”[1]费孝通先生认为：“社区是若干个社会群体或社会组织聚集在某一地域里形成的一个在生活上相互关联的大集体。”[2] 社区不仅是宏观社会的缩影，也是社会学研究的基本单位。

“社区”的术语被引入后，在社会学界引起了广泛讨论。社会学家对社区的定义有多种，但普遍认可的是，社区是具有某种互动关系和共同文化维系力的人群形成的共同体及其活动区域，包括五个基本要素：一定数量的社区人口；一定范围的地域空间；一定类型的社区活动；一定规模的社区设施；一定特征的社区文化。具体而言，社区是聚居在一定地域范围内的人们所组成的社会生活集体和活动区域，社区成员之间通常有共同的意识和利益，以及较密切的社会交往。作为一种地缘性的生活共同体，既是利益共同体，又是精神共同体、命运共同体。共同的利益、问题和需要，把同一社区居民紧紧联系在一起，推动形成被普遍认同的行为规范和生活方式。

总体而言，从德文“gemeinschaft”、英文“community”到中文“社区”的术语转变中，“社区”一词的外延和内涵也在发生着变化，由于它们在各自的语境中承载着不同的概念内涵和历史背景，社区概念的转变不仅反映了语言之间的差异，也体现了在不同文化和历史背景下的演变。这些演变不仅涉及词汇本身的含义，还反映了社区功能和角色的变化，以及社会对社区的认知和期待。在德文中，“gemeinschaft”强调共同体的紧密联系和共享的价值观念，往往与地域、血缘或传统等紧密相关。这个概念强调的是成员间的相互依赖和共同体的内在凝聚力。英文中的“community”则更为宽泛，可以涵盖地理、文化、社会和经济等多个层面。它不仅仅局限于地域或血缘关系，还可以包括基于共同兴趣、信仰或目标的群体。这个词使用更为灵活，可以适用于不同的社会环境和语境。中文的“社区”一词最初多指地理上相对固定的居民群体，但随着社会的发展和城市化进程的加速，社区的概念逐渐扩展到包括城市社区、网络社区、文化社区等多种形态。与“gemeinschaft”和

---

〔1〕 费孝通：《费孝通文集》第五卷，群言出版社1999年版，第530页。

〔2〕 于燕燕：《社区建设基础知识》，中国劳动社会保障出版社2001年版，第4页。

"community" 相比，中文的"社区"更加强调的是共同生活和互动的空间和平台。

学术界对于"社区"一词的学理分析和概念阐释，推动形成了具有多元视角、丰富内涵和学术生命力的社区理论，不仅提供了理解社区治理的框架和视角，也为社区研究提供了重要的理论支撑，极大地推动了社区研究的理论进程和社区实践工作的开展。近些年来，社区研究的重点从单纯的社区描述转向社区问题的分析和解决，从外部干预转向内部的自我管理和服务，这使得社区研究更加具有针对性和实效性，能够更好地服务于社区的发展和居民的福祉，不仅有助于提高社区居民的自主性和参与度，还可以促进社区的和谐与稳定。社区的定义历经"融入社会、接受国家、面向虚拟网络"[1]的转型，逐渐融入更加多元开放的文化要素。未来，随着社区治理理论和实践的不断深入和完善，社区研究也将迎来更加广阔的发展空间，也必将收获更加丰富的研究成果。

（二）政策文件对"社区"的界定

1999 年，民政部制定《全国社区建设试验区工作实施方案》，提出"以居委会辖区作为社区的主导形式"。2000 年，中共中央办公厅、国务院办公厅批转下发的《民政部关于在全国推进城市社区建设的意见》，指出，"社区是指聚居在一定地域范围内的人们所组成的社会生活共同体"，城市社区是"经过社区体制改革后作了规模调整的居民委员会辖区"。可以看到，社区的概念具有鲜明的地理边界性和区划性，通常指由居委会管理的特定区域，在这一区域中生活的民众彼此联系，构建起社区准则、发展秩序和社区文化。

2006 年，党的十六届六中全会第一次提出了"农村社区"概念，开始在全国范围内推进农村社区建设。2011 年，中共中央、国务院颁布《关于加强和创新社会管理的意见》，提出"继续抓住和用好我国发展重要战略机遇期加强和创新社会管理"，将社区作为实现社会管理、提供公共服务的最小单元，

---

[1] 吴晓林、覃雯：《走出"滕尼斯迷思"：百年来西方社区概念的建构与理论证成》，载《复旦学报》（社会科学版）2022 年第 1 期，第 128 页。

为社区的概念阐释注入了新的意涵。2017 年出台的《中共中央 国务院关于加强和完善城乡社区治理的意见》进一步提出，“城乡社区是社会治理的基本单元”，制定“实现党领导下的政府治理和社会调节、居民自治良性互动，全面提升城乡社区治理法治化、科学化、精细化水平和组织化程度，促进城乡社区治理体系和治理能力现代化”的发展目标。“十四五”时期，城乡社区服务的重要性日益凸显，《“十四五”城乡社区服务体系建设规划》强调了强化社区为民、便民、安民功能的重要性，社区服务体系建设成为推进基层治理现代化建设的重要抓手。

可以看到，改革开放以来，随着国家经济和社会结构的转型，城乡社区经历了显著的变化和发展，政策文件中对于社区的功能和定义也逐渐丰富和拓展。传统观念中的社区通常被定义为地理空间上的居民聚居区，如今，社区不仅是一个地理概念，更是一个社会概念，社区的定义涵盖了居民的生活、文化、教育、医疗等多个方面，不仅是国家治理的重要组成部分，也是广大居民的生活家园。随着我国城市化进程的加速，城市社区的数量和规模不断扩大，城市基础设施和公共服务不断完善，社区功能也逐渐增强，同时在农村，新农村建设和乡村振兴战略的逐步实施，使农村社区呈现出新的发展态势，许多农村地区通过整合资源和优化布局，形成了规模较大、功能齐全的社区，提高了农村居民的生活质量和幸福感。此外，随着信息化和网络化的发展，社区以更加多元的面貌进入公众视野，规模和类型更为多样，内涵和外延也不断拓展，不单是地理意义或区划层面的单位，更是居民参与社会事务、享受公共服务、实现自我价值的重要平台。

（三）社区治理

城乡社区治理，指各类组织和力量在城乡社区范畴内，遵循相关法律法规及社会规范，通过分工协作有效协调公共行为和公共事务，进而推动社区有序发展的过程及其综合表现。构成要素包括治理主体、治理客体、治理手段、治理设施等，是包括谁来治理社区、怎样治理社区、治理社区哪些问题等内容在内的行动体系。理解社区治理的含义，需要把握以下要点。

社区治理的基本操作单元主要是居（村）民委员会地域范围的居民所组

成的社会生活共同体。根据中共中央办公厅、国务院办公厅 2000 年转发的《民政部关于在全国推进城市社区建设的意见》和中共中央办公厅、国务院办公厅 2015 年印发的《关于深入推进农村社区建设试点工作的指导意见》的文件精神，目前我国城乡社区的范围一般是指居（村）民委员会辖区。

社区治理的主体格局是结构性多元共治体系。各类主体的作用发挥表现为基层党组织（例如街道、乡镇、城乡社区党组织）发挥领导核心作用，基层政府履职尽责，居（村）民自治发挥基础性作用，同时，各类社会组织和社会力量也积极参与，协同治理，共同构成以党组织领导为核心的多元主体有效衔接、良性互动的结构关系。这一体系安排既有别于西方国家和地区，也有别于我国城乡社区管理的传统格局。

社区治理手段是多种多样的。例如，坚持自治、法治、德治相结合，以自治增活力、以法治强保障、以德治扬正气，是推进社区治理体系和治理能力现代化的必由之路。又如，坚持服务和管理相统一，在服务中实施管理，在管理中体现服务，是推进社区治理的重要原则和基本方式。再如，探索形成网格化管理、信息化支撑的治理方式是推进社区治理精细化、精准化的重要途径等。

社区治理的客体抑或治理对象，主要是社区成员的公共行为和公共事务。二者是指对其他个人、组织或公共环境产生影响，需要大家共同决定并且采取共同行动的事务。例如，社区环境整治、基础设施建设、物业管理、治安秩序、社会救助等都属于社区公共行为和公共事务，应该纳入治理范畴。

社区治理与相关范畴既有区别又有联系。社区治理是社区建设的基本内容和发展主题，包含社区社会工作和部分社区服务内容，社区治理同社区精神文明建设具有交叉重合性，是街道（乡镇）、居（村）委会工作的重要内容。

三、基层社会治理的发展脉络

中国在破解现代社会治理难题的过程中，逐步探索出了中国式社会治理现代化之路。新中国成立以来，随着政策范式的不断调整，我国的基层治理体制经历了从“政府管制”“社会管控”到“社会管理”，再到“社会治理”[1]的战略转变，治理的内容、主体的边界、治理的目标及实施的策略也在不断调适。社会管制、社会管理、社会治理等术语的演变，充分体现了中国对于社会发展和治理理念的深化和进步。

（一）从“政府管制”到“社会管控”

自新中国成立至1976年，我国历经了一个特殊历史阶段。在此期间，国家与社会实现了高度整合，展现出国家与社会一体化的鲜明特征。与这一历史阶段的基本国情相适应，社会呈现“政府管制”特点，国家权力延伸至社会的方方面面。随着党的十一届三中全会的召开，我国确立了“以经济建设为中心”的发展理念。改革开放初期，虽然我国仍沿用计划经济体制和管控型社会管理体制，但“以经济建设为中心”的工作重心逐渐凸显。特别是1992年，党的十四大明确提出了建立社会主义市场经济体制的目标，这一经济转轨推动了社会的深刻转型。在此过程中，社会逐渐从国家体制中相对独立出来，社会综合治理的概念逐渐受到广泛重视，我国的社会治理由此进入新阶段。

（二）从“社会管控”转向“社会管理”

2004年至2012年，我国社会治理进入“社会管理”阶段。2004年，党的十六届四中全会上首次提出社会管理的议题，提出要“建立健全党委领导、政府负责、社会协同、公众参与的社会管理格局”。2007年，党的十七大报告提出“完善社会管理，维护社会安定团结”“要健全党委领导、政府负责、社会协同、公众参与的社会管理格局，健全基层社会管理体制”。2012年，党的十八大进一步明确提出“围绕构建中国特色社会主义社会管理体系，加快形成党委领导、政府负责、社会协同、公众参与、法治保障的社会管理体制”。社会管理强调的是政府对于社会的组织、协调、服务和管理职能，旨在维护

---

[1] 参见江必新：《以党的十九大精神为指导 加强和创新社会治理》，载《国家行政学院学报》2018年第1期，第23-26页。

社会稳定和秩序，保障人民的合法权益。在这一阶段，政府开始更多地注重与社会的互动和合作，尝试通过多元化的手段来管理社会。社会管理成为这一时期我国社会建设工作的核心词汇和指导原则。

（三）从“社会管理”到“社会治理”

自党的十八大以来，我国逐步确立并深入发展现代社会治理体系。2013年，党的十八届三中全会首次明确提出“创新社会治理”，将创新社会治理体制提升到国家发展战略的核心地位。“社会治理”的概念第一次出现在党的文献中，取代了“社会管理”的表述，体现出社会建设理念的深化和发展。从“社会管理”到“社会治理”的转变，标志着党的社会建设理论与实践实现了重大飞跃，其提出预示着我国社会建设在顶层布局方面步入崭新的发展阶段，不仅体现了社会治理由政府单一管理向多元主体协同治理的根本性变革，更突显出社会力量在社会治理中的基础性地位。这一重大创新举措，是新时代社会建设理念与实践的深刻体现，为我国社会建设和发展指明了方向，也为实现社会和谐稳定与可持续发展奠定了坚实基础。

2017 年，党的十九大明确了创新社会治理的具体要求，提出完善党委领导、政府负责、社会协同、公众参与、法治保障的社会治理体制，构建共建共享的社会治理格局。2019 年，党的十九届四中全会指出，社会治理的内容体系包括社会矛盾纠纷的预防调处机制、社会治安的防控体系、公共安全的体制机制、基层社会治理格局、国家安全体系五大板块。2020 年，党的十九届五中全会提出，到二〇三五年基本实现社会主义现代化远景目标，社会治理现代化方面要基本实现国家治理体系和治理能力现代化。2022 年，党的二十大报告进一步明确，完善社会治理体系，健全共建共治共享的社会治理制度，提升社会治理效能，畅通和规范群众诉求表达、利益协调、权益保障通道，建设人人有责、人人尽责、人人享有的社会治理共同体。

综上，社会管理、社会治理等术语的演变，反映了对社会发展和治理理念的不断深化。从单一的建设者角色到多元的管理职能，再到共同参与的治理理念，这些变化体现了党和政府对于社会发展和治理的深刻思考和不断探索。

四、中国式社会治理现代化

改革开放以来，中国正处于并将在较长时间处于快速转型发展阶段，这也是人类历史上人口规模最大、地域范围最大、发展速度最快的现代化进程，是其他任何国家都没有经历的过程。中国的现代社会治理一方面需要应对因社会剧烈转型所激荡出的各种新问题，另一方面要着眼于未来社会高质量发展的需求，夯实共建共治共享的社会治理基础，实现中国特色社会主义以人民为中心、促进和谐共生、共同富裕的价值追求。

党的二十大报告提出，以中国式现代化全面推进中华民族伟大复兴。中国式现代化的本质要求是：坚持中国共产党领导，坚持中国特色社会主义，实现高质量发展，发展全过程人民民主，丰富人民精神世界，实现全体人民共同富裕，促进人与自然和谐共生，推动构建人类命运共同体，创造人类文明新形态。中国式现代化新道路的形成，意味着中国走出了一条不同于西方国家发展的新路径。社会治理现代化作为全面推进社会主义现代化建设的应有之义，是中国式现代化的重要组成部分。中国式社会治理现代化包含着具有中国特色的逻辑基础、价值追求和实践路径。治理现代化是中国式现代化的主要内容，也是实现国家治理体系和治理能力现代化的重要环节。基层治理处于国家治理的基础性位置，在中国式现代化道路上起着保稳定、促和谐的重要作用。现代化的基层治理能够更好地适应社会发展的需求，提高治理效能和服务水平，从而推动国家整体治理能力的提升。

中国的现代化社会治理模式，既有西方各国现代社会治理的共同特征，又与西方基于理性主义和个人主义价值基础的社会治理模式不同，中国式社会治理现代化是基于中国特色社会主义的实际国情、社情和民情探索总结出来的，其逻辑基础、价值追求和实践路径体现着中国特色：以坚持党的领导为根本，以坚持人民为中心为本质，以共建共治共享为基本形态。价值层面，和谐共生、共同富裕与公平正义是社会治理现代化追求的核心要旨；实践层面，中国式社会治理现代化之路，就是要形成党建引领下多元主体参与的社会治理格局，推动形成科学高效的社会治理体系。

需要注意的是，我国的社会治理特别是基层社会治理，在治理基础、发展模式、创新路径及话语体系等方面均与西方社会的治理理念、治理模式和追求成效存在很大差异，西方的基层社会发展经验及相关治理理论也难以透彻剖析、解释和解决中国式现代化背景下的社会治理问题。西方学者提出的一些问题、阐释的一些观点和所运用的研究方法值得关注和借鉴，但要克服路径依赖，注意辨别真问题和伪问题，避免在西方理论的关照下形成观念误区。中国社会治理的问题需要以马克思主义中国化现代化为指引，通过实践探索和理论创新，用中国的话语、理论和视角研究和阐释中国本土的问题，形成具有中国特色、中国风格、中国气派的社会治理理论，如此才有利于对现实问题的真正解答，不断推进马克思主义中国化时代化本土化。因此，准确把握中国式社会治理现代化的逻辑基础、价值追求和实践路径，分析和探讨基层社会治理的基本模式、本质内涵、创新方向和路径选择，逐步形成基层社会治理创新领域的“中国经验”“中国话语”与“中国理论”，对于筑牢基层基础，不断推进基层社会治理体系和治理能力现代化水平具有较强的理论价值和现实意义。

为此，进一步的研究和发展显得尤为必要。在中观层面，需要对基层社会治理模式进行更深入的分析和研究，一方面，对于基层社会治理的创新模式，要更全面地理解其内涵和特点，包括但不限于对其行动单位、耦合机制、扩散方式以及体制改革等方面的深入研究。另一方面，更多地关注基层治理创新实践，不仅对于个别地区的典型经验展开深入剖析，也需要从宏观层面提炼创新行为的总体特征。基层治理创新的研究不仅是一个学术问题，也是一个实践问题，需要将理论与实践相结合，将研究成果转化为实际的治理行动，从而推动基层社会治理的创新和发展。

第二章　双重权力维度下的基层治理创新

改革开放以来，我国的经济体制和权力结构发生重要转变，深刻影响着基层政府的政治理性、发展目标及行为取向。从纵向维度审视，地方政府历经多次以中央权力下放为核心的行政分权过程，获得了更为广阔的自主决策空间。从横向维度来看，权力下放为发展地方经济、培育社会力量创造了有力支撑和有利条件，“强国家—强社会”的国家与社会关系更为凸显。在此背景下，社会治理创新日益趋向达成两种目标：一是在中央至地方再至基层的纵向结构中，构建上下同心、目标契合、砥砺奋进的秩序版图；二是从横向层面而言，力争探索出促进“有为政府”“有效市场”“有序社会”的横向协调机制。本章旨在从历史演变与政策发展的视角，剖析横纵双重维度下的权力变革过程，系统梳理基层社会治理的发展脉络，结合国家在社会治理领域的主要变革与制度创新，尤其是党的十八大以来的重要决策部署，重新界定基层的行动逻辑和理性选择，尝试回答中央集权下的基层治理创新如何发生的问题。

第一节　纵向央地关系变化中的基层治理

央地关系是纵向贯穿国家治理体系的体制安排，是指中央政府与省级及以下层级政府之间的关系，主要涉及财政关系、行政关系、干部人事关系等多个方面。从纵向维度看，中央与地方关系的结构性调整和体制机制安排，对于各级政府的职能作用及履行方式具有决定性影响，深刻影响着地方治理的形态、治理主体的行为模式以及治理创新的深度和广度。当前，央地关系的核心特点表现为“政治集权、行政分权”，中央政府通过“威权弹性”的治理策略，赋予地方政府一定的创新空间，以促进地方治理的持续变革。[1]本小节通过观察中央政府与地方政府、基层政府的层级关系与互动往来，试图阐释基层治理领域的复杂性与发展演进的制度基础。

一、党的政治建设与组织建设

党的政治建设与组织建设是推动央地关系调整的关键机制。党的十八大以来，党中央持续加强党内政治建设，坚持以习近平新时代中国特色社会主义思想为指导，坚持以党章为根本遵循，用党的纲领、路线和方针政策统一全党的思想和行动，教育引导全体党员干部严格遵守政治纪律和政治规矩，铸牢对党绝对忠诚的政治品格，确保在政治立场、政治方向、政治原则、政治道路上同以习近平同志为核心的党中央保持高度一致。与此同时，大力推动作风建设和反腐倡廉制度建设，针对党内存在的各种问题和弊端，全面从严治党，持续改进党风、政风，加强全方位管理和经常性监督，深化标本兼治、系统施治，保持反腐高压态势，坚决惩治群众身边腐败。

党的十九大把全面从严治党纳入坚持和发展中国特色社会主义基本方略，写入新修订的党章。政治巡视作为党内监督的战略性制度安排，通过党内监督的方式，强化了党内自上而下的组织监督，加强了中央对地方领导干部的监督管理，进一步巩固了中央的人事管理权，有效提升了中央权威。随着新一轮机构改革的深入推进，新的党政体制实现了党对干部的全流程管理，通过明确执行主体和执行方式，有效纠正了地方政府在执行过程中的偏差。

二、财税体制改革

财税体制改革是重塑中央与地方关系的重要突破口，经过一系列深化改革，地方政府在经济领域的自主权逐步得到落实。1980 年，我国开始推行“分灶吃饭”的财政管理体制，后经一系列分权财政改革，赋予了地方政府更为明确、稳定的收入来源，提升了地方在促进经济发展中的主动性和积极性。

---

〔1〕 参见李永刚：《中国地方治理的上下“合谋”》，载《文化纵横》2009 年第 6 期，第 12－17 页。

1992年，党中央明确提出了建立社会主义市场经济体制的宏伟目标，财政体制、金融体制和投资体制经历了重大调整，以适应新的经济体制发展需求。党的十四大召开后，中央进一步推进了地方管理权限的下放，增强了地方政府的自主性和灵活性。

1994年的分税制改革是中央政府重新集中财政权力的重要转折点，深刻改变了中央与地方的财政格局。正如学者周飞舟所言，理解今天中国治理问题的起点，不是1978年的十一届三中全会，更重要的是1994年的分税制改革。[1] 改革前，中央与地方的财政关系带有承包制特点，即地方政府包税包利，完成中央规定的目标任务，其弊端是易引发通货膨胀、地方收入隐瞒等问题，导致中央对财政和经济调控应有的主导权部分流失。分税制改革后，基本理顺了税制和税收征管、财政体制，中央对地方政府的管控力得到显著增强，同时，为确保地方经济持续健康发展，中央赋予地方政府在特定税种上的法定征税权，地方政府通过“预算外”账目获得了独立的经济资源，为地区经济发展提供了有力支撑。在此基础上，地方政府在辖区内的管理权限也相应扩大，有助于提升地方治理效能。1998年启动预算管理体制改革，以部门预算、收支两条线、国库集中收付制度和政府采购制度等为主线，通过建立以财政部门为主体的国库单一账户体系，将所有财政性资金纳入国库单一账户体系，借助代理银行直接缴入国库或财政专户，成功实现了国库集中支付，明确了各部门作为预算执行单位、财政部门作为预算拨付和监督单位的角色定位。

党的十八大以来，财税体制改革在优化央地关系中的角色发挥，主要表现为以集中化措施控制地方财政风险，以及明确中央事权、央地共同事权和地方性事权的范围。中央政府对地方财政风险的管控力度得到了显著加强。针对地方财政存在的诸多问题，特别是土地财政方面的难题采取了一系列措施，例如，土地出让金的大规模审计、非税收入征管的集中化，确保中央能够全面获取地方的土地财政信息。[2]

---

〔1〕 参见周飞舟：《以利为利：财政关系与地方政府行为》，上海三联书店2012年版，第50页。

〔2〕 参见王阳亮、蒋心悦：《国家治理视域下中央地方关系的政策机理与趋向》，载《行政与法》2023年第11期，第39-50页。

具体而言，2014 年首次在全国范围内进行土地出让金收支审计，涉及土地规划、计划、审批、征收、供应和利用等土地管理的所有环节，并对土地出让收入的征收、支出、资金管理重点关注，严查土地管理漏洞及腐败问题。2021 年财政部等四部门出台《关于将国有土地使用权出让收入、矿产资源专项收入、海域使用金、无居民海岛使用金四项政府非税收入划转税务部门征收有关问题的通知》，将国有土地出让收入等自然资源类非税收入征管责任移交税务部门，原本归属地方政府的分权式征管模式转换为中央政府的集权式征管模式，推动了非税收入征管的集中化。

此外，中央还从支出性事权的划定入手，确定了中央事权、央地共同事权和地方性事权的范围。2016 年 8 月，《国务院关于推进中央与地方财政事权和支出责任划分改革的指导意见》发布，对中央与地方如何划分财政事权与支出责任提供了原则性意见，财政事权指一级政府应承担的运用财政资金提供基本公共服务的任务和职责，支出责任代表政府履行财政事权的支出义务。根据事权属性，涉及国家主权、经济总量平衡和区域协调发展、全域要素流动等领域的事权，必须完整地集中到中央；地域性强且与民生相关的基本公共服务被列为地方的财政事权，比如社会治安、市政交通、农村公路、城乡社区事务。在遵循财权与事权相匹配的基本原则下，中央政府将公共服务和经济社会管理的重要事项下放至地方，进一步提高了基本公共服务领域的转移支付水平，使地方在基本公共服务等多个关键领域享有更大的自主决策权，以更好地满足地方发展需求。

三、干部任免权限

干部任免权限方面，1984 年对干部分级管理权限进行了调整，由原先的“下管两级”改为“下管一级”，赋予地方政府在下级干部任用方面更大的自主权，有效激发了地方政府在调动资源、推动发展、强化治理等方面的积极性。同时，中央通过党管干部、异地任命以及设定任期等措施，加强了对下级核心党政干部的绝对领导权，以规范干部选拔任用流程与标准，确保中央各项政策的高效贯彻实施，以及地方各级对中央权威的坚决服从与坚定维护。[1] 针对地方治理，中央政府采用委托代理制，明确授权地方政府行使相关职能，旨在规避对地方政府职能履行的直接干预，以确保地方在遵循法律法规的前提下，更加高效、自主地开展工作。这一制度设计既体现了中央政府对地方政府的信任与支持，也体现了我国政治体制的灵活性和适应性。

四、行政审批权限

中央及省级政府向地方政府下放经济社会管理事权，赋予地方自主性。改革开放以来，中央根据发展目标，对地方实施了经济管理权与财政权以及其他各种管理权限的下放，以行政审批权改革为主线推动对地方的简政放权。行政审批权，作为各级政府间相互制衡的核心要素，对于纵向政府间关系的构建与组织基础的稳固具有深远影响。党的十八大开启了新一轮行政审批制度改革的新篇章，以深化行政审批制度改革和推动政府职能转变为重要任务，展现出鲜明的简政放权特点，“放”“管”“服”三管齐下，一体推进行政审批体制机制改革，既注重“放”，即大力削减和下放行政审批事项，又注重“管”，即确保管理和监督的有效性，还强调“服”，即持续优化审批服务机制流程，以推动改革向纵深发展。

行政审批权改革在优化央地关系、政企关系方面，发挥着积极的正向作用，推动实现了行政审批和许可事项的大幅缩减。在中央层面，国务院以职能转变为导向，积极取消和下放行政审批事项，同步推动简政放权、放管结合、优化服务等多项改革举措。地方层面的行政审批改革呈现出“下移”趋势，通过跨层级的纵向简政放权，将行政审批权限下放至基层街乡一级，以进一步释放市场活力和提高行政效能。

同时，居民生活、社会治安、城乡建设、公共设施管理等多项基本公共服务的事权也下沉至基层政府，监督管理和执法权力也逐步下移，强化了基层政府在贯彻执行国家政策方面的责任。随着各种公共资源配置能力的增

---

〔1〕参见郁建兴：《中国地方治理的过去、现在与未来》，载《治理研究》2018 年第 1 期，第 65－74 页。

强，基层政府在保持对上政治忠诚和对下治理有效的基本原则下，可以依据自身的目标和诉求选择在地化行动。中央持续释放的改革信号，以及各级政府对于中央战略转型的回应和对自身制定安排的调整，共同推动着改革的进行。

总体而言，央地关系的调整主要涉及财权、人事权、监督权和管理（审批）权，普遍坚持两个规则：一是始终坚持财权、人事权、监督权向中央集中，二是持续下放管理权并积极调动地方主动性的发挥。进入新时代，中央与地方关系的调整与优化，紧密围绕国家发展战略布局全面展开。在政治领域，坚决维护党中央权威和集中统一领导，持续加强党的政治建设，强化权力运行的制约和监督，深入推进反腐败斗争，确保党中央的各项决策部署落地落实落细。在经济领域，深化财税体制改革，积极推动行政权力下放，为经济的持续健康发展注入强大动力。在民生领域，结合政府职能转变的具体举措，以提供公共服务、满足群众需求为导向，深入推动简政放权，将改革措施贯彻至基层单元，不断夯实国家治理基层基础。这些举措共同促进了新时代央地关系的调整及重构，使地方政府获得更多自主管理和自主发展的权利，政府对公共资源配置的能力显著增强。

第二节　横向政社关系转变中的基层治理

国家与社会的关系是社会治理的核心议题，主要包括政府与社会、政府与市场之间的关系结构调整，这些是影响社会治理的重要因素。改革开放以来，市场化进程的加快和社会力量的自主性发展，促使政府的角色定位从无限转向有限、从管制转向服务、从划桨转向掌舵，市场和社会具有了反嵌国家的能力，对政府权力的作用、治理理念的转变、治理方式的更迭都产生了深远影响。一定程度上，市场转型和社会成长促进了行政理性化和制度机制建设，推动了国家治理能力的提升。

一、政府与社会的关系调整

在权力结构从全能型向多元治理型转变的过程中，国家与社会相互协调发展，也相互牵制妥协，从权力维度而言，新中国成立以来，政府与社会的关系结构也在不断地进行调整，呈现出“强政府—弱社会”向“强政府—强社会”转变的发展趋势，政府的角色定位也从过去的“全能型”转变为“裁判员”“服务员”型。

计划经济时期，由于当时面临巩固政权、发展经济和维护社会稳定的任务，政府采取了高度集中的权力运行模式，利用强制性权威对经济和社会资源具有绝对性支配，依托计划管理体制对社会进行统一领导、统一指挥、统一管理，社会从属于国家，公民依附于政府，政府直接管理社会生活的每个方面，形成了所谓的“全能政府”，社会或市场的活力有待激发。

改革开放以后，随着国家角色的现代转型，国家的“专断性权力”削弱，而“基础性权力”在成长。基础性权力概指中央集权国家的制度能力，是一种国家通过种种举措协调、调动市民社会活动的权力，不同于仅由国家精英运作的专断性权力。[1] 国家政权建设就是要加强国家的基础权力，建设基本的国家机构并强化其运作能力。政府与社会的关系发生了重大变化，政府开始还权于社会，社会力量逐渐积聚壮大。这一变化主要体现在两个方面：一是市场活力得以释放；二是社会组织逐渐脱离对政府的依赖，开始发挥更大的作用。市场转型与社会力量的壮大，不仅是社会资源分配模式变革的深刻体现，更映射出社会秩序与运作逻辑的演进过程。在此过程中，市场化改革的深入推进和社会管制的有序放宽，为地方发展注入了资源和活力，同时加速了社会分化和利益分歧，给地方政府带来各种外在压力，尤其是治理危机的出现，促使地方政府更加注重体制机制的优化调整与社会力量的互动协调，力图通过创新回应群众呼声、解决发展问题。同时，社会的发展也有其独立性，社会力量参与基层治理已成为一种趋势，有助于推动基层政府和自治组

---

〔1〕 参见［美］迈克尔·曼：《社会权力的来源》（第二卷），陈海宏译，上海世纪出版集团 2007 年版，第 68 页。

织的改革创新，增强基层治理的民主性，提高基层治理的透明度，提升群众的满意度。

总体来看，国家与社会在互嵌互构的动态过程中呈现出双向作用的特征，即在互惠互利、正和博弈的基础上实现共同成长。从国家层面看，由于一元化行政整合方式已无法适应当前社会利益分化的复杂局面，国家对社会的治理既有制度化特征，也融入了策略性考虑，主要通过制度化渠道积极吸纳社会力量参与治理过程。从社会层面看，社会也在不断调适自身发展策略，通过与政府、市场的持续互动，维系与二者的紧密联系，借助多元协作机制推动社会问题的解决，这不仅有利于提升治理成效，同时也为国家与社会的良性互动、各尽其能、各展其长奠定了坚实基础。

二、政府与社会组织的关系调整

随着我国市场经济的深入发展和社会的全面转型，以及国家权力在社会领域的逐步调整，社会组织获得更为广阔的发展空间。社会组织活跃在国家和社会权力的真空地带，通过自身行动对共同利益和公共空间进行重构，有效化解了利益冲突和制度缺失所引发的各类社会问题，为维护社会稳定、促进社会进步作出了重要贡献。

社会组织主要包括社会团体、基金会、社会服务机构（民办非企业单位）三种类型，具有非行政性、非营利性、公益性等特点。社会团体，系指由我国公民基于共同意愿自发组织成立的社会组织，旨在贯彻共同意志，按照组织章程开展相关活动的非营利性组织，包括行业协会商会、学会、研究会、联合会、促进会等类型。基金会系指通过募集自然人、法人或其他组织的捐赠财产，致力于社会公益事业发展的非营利性法人，在扶贫济困、扶老救孤、助残优抚、科教文卫、生态保护等领域作用突出。社会服务机构（民办非企业单位）是指自然人、法人或其他组织基于公益目的，利用非国有资产提供社会服务的非营利法人，涵盖了民办科研机构、民办教育机构、民办卫生院所等多种单位。

社会组织区别于政府和市场主体，是独立具有自主权的自治组织，没有行政职能，不以营利为目的，每一类组织都在各自的领域内发挥着重要作用，共同推动着社会的和谐与发展。作为市场经济的重要组成、协商民主的重要渠道以及社会自治的重要载体，社会组织在纾解民困、民生帮扶、救灾救济、扶危济困等方面作出了卓越的贡献。截至2023年第四季度，全国依法登记社会组织88.16万家，包括社会团体37.3万家，民办非企业单位49.9万家，基金会9617家。[1] 与1988年民政部恢复社会团体登记管理工作时的4446个相比增长迅速，年均增长率接近20%。社会组织在经济、教育、卫生、文化、科技、社会服务和慈善等多个领域均表现出显著活力，成为政府、企业、社会等各类主体间沟通联系的纽带，其影响力在社会主义现代化建设进程中不容忽视，已然成为推动社会发展的重要力量。

政府与社会组织的关系主要体现在公共产品和公共服务供给过程中，政府对社会组织所采取的发展策略以及双方新型合作关系的构建。其核心目标在于，通过优化政府与社会组织的互动模式，推动公共产品和服务供给质量与效率的提升。[2] 具体到基层的社会组织，可以发现，社会组织是政府和市场之外的第三部门，是村（居）民利益诉求的传递者与政府、村（居）委会工作的协助者，具有一定的独立性。首先，社会组织在提供社区服务上有着特殊的优势，可以承接政府转移的部分职能。通过与村（居）委会合作，一方面可以提高村（居）委会的工作效率，有助于其集中精力于社区发展的规划工作，另一方面有利于引导村（居）民积极参与社区治理，充分激发居民的“主人翁”意识，促进民主治理。其次，随着社会的发展与组织的健全，社会组织在社区治理中的主体角色与功能越发突出，为村（居）民参与基层社会政治生活提供了平台，也搭建表达意愿的新渠道，促进了政府善治目标的实现。在社会组织参与共同体建设的过程中，可以通过探索“线上+线下”创新组织模式，多渠道宣传社会组织阵地，全方位展现社会组织活力，有效提升其影响力和知名度。最后，社会组织有助于推进精神文明建设。随着经济发展和社会利益的分化，村（居）民需求日益多元化，社会组织的发展

---

〔1〕 数据整理自中华人民共和国民政部网站，2023年4季度民政统计数据，https://www.mca.gov.cn/mzsj/tjsj/2023/202304tjsj.html。

〔2〕 参见郁建兴：《中国地方治理的过去、现在与未来》，载《治理研究》2018年第1期，第65-74页。

为调动他们的积极性和创造性提供了文化和智力支持。居民通过参与社会组织，丰富了业余生活，重新树立了文化自信，满足了其日益增长的精神需求。

改革开放以来，我国社会发展空间得到了极大拓展，广大民众积极参与社会建设，结社热情高涨，社会团体数量快速增长，同时，基金会从无到有逐渐发展壮大。1988 年，国务院批准民政部成立社团管理司，主要是对社会团体实行统一登记管理。1988 年和 1989 年，国务院先后颁布了《基金会管理办法》《社会团体登记管理条例》与《外国商会管理暂行规定》，明确规定基金会和社会团体必须在民政部登记注册，并实施由登记管理机关和业务主管部门共同负责核准登记的“双重管理”体制，为社会组织的健康发展奠定了坚实基础。1993 年，《中共中央关于建立社会主义市场经济体制若干问题的决定》，明确提出“发展市场中介组织……发挥行业协会、商会等组织的作用”。伴随着经济体制转型，社会组织的中介作用发挥明显，比如行业协会商会、学术类团体等类型的社会组织在这一阶段增长较快，作为政府、市场与企业沟通的桥梁，服务于经济发展和技术发展的需求。1988—2022 年社会组织增长趋势如图 2－1 所示。

随着改革开放的不断深化，党和政府高度重视并积极引导社会组织的发展。1997 年 5 月，民政部社团管理司更名为民政部社会团体和民办非企业单位管理司，1998 年 6 月又改为民政部民间组织管理局，确立了民间组织的管理主体，并相继制定和修订了一系列与社会组织发展相关的法规政策，一是重新修订《社会团体登记管理条例》，二是颁布《民办非企业单位登记管理暂行条例》，进一步明确了社会团体和民办非企业单位实行“双重管理”，即在业务上接受主管单位的指导，同时在登记上需获得管理机关的批准，社会组织的扶持和监管政策也同步完善，为规范社会组织发展提供了有力保障。在政府的合理引导下，社会组织在数量、种类、布局等方面与社会发展需求更加契合。

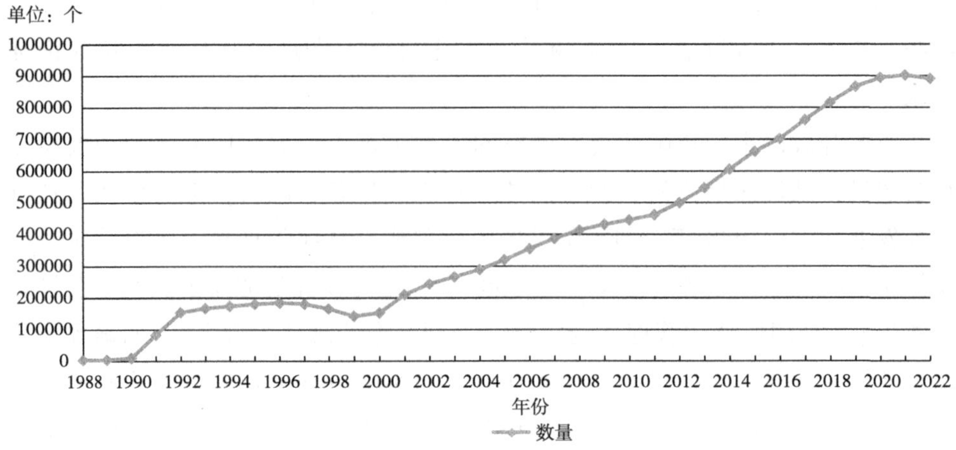

图 2－1　1988—2022 年社会组织增长

数据来源：2023 年中国民政统计年鉴。[1]

随着社会组织的蓬勃发展，其积极作用日益凸显，政府对社会组织的态度亦日趋积极，有的放矢地发展公益性和服务性社会组织。2004 年，再次修订《基金会管理条例》，首次允许个人和企业自主成立非公募基金会，为社会组织发展注入了新的活力。2006 年，党的十六届四中全会报告中明确指出，发挥社团、行业组织和社会中介组织提供服务、反映诉求、规范行为的作用，形成社会管理和社会服务的合力。2007 年，《国务院办公厅关于加快推进行业协会商会改革和发展的若干意见》，明确了“政会分开”的总体原则，有利于理顺政府与行业协会之间的关系，界定行业协会职能。在此背景下，社会组织的民间性和自主性逐渐显现，其数量亦大幅上升，对社会发展的贡献日益显著。

党的十八大以来，党和国家高度重视社会组织改革发展工作，社会组织的发展思路更加清晰，社会组织作为社会治理的重要力量，迎来了前所未有的发展机遇，步入改革创新发展的崭新阶段。随后的党的十八届二中全会至六中全会，先后提出了改革社会组织管理制度、激发社会组织活力、加强社

［1］ 中华人民共和国民政部：《2023 中国民政统计年鉴》，中国社会出版社 2023 年版，第 142 页。

会组织立法、强化社会组织党建工作等一系列工作要求，推动社会组织管理制度改革稳步实施并取得显著成效。比如，2013 年出台《国务院办公厅关于政府向社会力量购买服务的指导意见》，对政府购买社会组织服务作出相关要求，政府购买社会组织服务政策的落实，表明党政与社会组织之间形成按需合作、协商合作的新型关系；2015 年中共中央办公厅、国务院办公厅印发《行业协会商会与行政机关脱钩总体方案》，旨在推动行业协会商会的去行政化改革。党的十九大报告强调要“发挥社会组织作用”，随着政府职能不断向社会领域转移，社会组织逐渐成为社会治理的重要力量。党的二十大报告提出“引导、支持有意愿有能力的企业、社会组织和个人积极参与公益慈善事业”“加强新经济组织、新社会组织、新就业群体党的建设”等具体要求，为新时代新征程社会组织发展提供了科学指引。

新中国成立以来社会组织概念演变、政府对社会组织的态度变化以及政府与社会组织关系的变化如表 2－1 所示。

表 2－1 新中国成立以来社会组织的概念、政府态度及政府与社会组织关系的变化〔1〕

年份	1949—1977	1978—1996	1997—2011	2012 至今
组织概念	管理组织	中介组织	民间组织	社会组织
政府态度	控制	限制	有的放矢	大力支持
政社关系	社会国家化	社会依附国家	政府引导社会	国家—社会共治

社会组织作为一支独特的治理力量，在提供社区服务、推动社区自治、凝聚社区力量等方面发挥了特殊的作用，但社会组织由于其构成的复杂性与多样性，其在参与社区共同体建设的过程中，为社区提供了便利的同时，也将复杂的治理风险引入社区之中。政府在社会组织发展上主要采取两种策略：一是充分发挥政府对社会组织的引导与规范作用，采取行政与市场相结合的方式赋权社会组织，利用政府的合法性和财政资源对社会组织进行分类管理，营造引导、鼓励社会组织发展的良好环境，譬如，政府对于慈善、技术性质

〔1〕 参见韦克难、陈晶环：《新中国 70 年社会组织发展的历程、成就和经验——基于国家与社会关系视角下的社会学分析》，载《学术研究》2019 年第 11 期，第 46－54 页。

的社会组织予以扶持，对于经济类的社会组织引入竞争、跟踪管理的竞争与约束机制。二是通过法律的力量对其进行约束，通过绩效监管和信用监管体系，形成对社会组织的多元管理和监督格局。

综上所述，政府与社会的良性互动，既需要政府发挥主导作用，又需要社会内生活力的增强，在双重力量的推动下实现“自上而下”的主导力量与“自下而上”的发展动力的有效融合，这既是一种有益的互动，也是国家治理体系和治理能力现代化的题中之义。基层治理创新是“自上而下”与“自下而上”双重路径推动的社会力量的成长与能力建设过程，是通过合理范围内的国家权力运作、市场发育、社会自治的有效展开以及相互之间的合作实现的。

第三节　多重维度下的基层政权建设

我国是中央集权的单一制国家，地方政府是一个很宽泛的概念。省级及其以下不同层级政府都属于地方政府，省级政府是地方行政建制的最高层，处于中央与地方关系的重要关节点。中国政府不同层级之间虽然级别和层级有差异，但是在机构和职能设置上具有高度的同构性，上级政府有的部门和机构往往要求下级政府同样设置，强调“上下对口”。高一级政府与下级政府之间的关系状况，与中央政府与省（市、区）政府关系的状况有很大相似性。一定程度而言，中央和省级政府之间的关系状况影响或者决定省以下政府之间的关系状况。中央和地方、上级和下级政府的职能并不完全相同，功能各有差异，因此既有合作，也有博弈。从多层治理的角度，基层治理概指县级政府及以下的治理，涉及县政府、乡镇及街道，同时受到上级各级政府的作用影响。本小节将对县、乡镇、街道的发展历程、角色定位等展开论述，在刻画基层治理体系诸多行动主体的同时，试图回答基层政权建设的内部运作如何影响基层治理的问题。

一、县制的发展及特点

“郡县治，天下安”。从多层治理视角来看，县政在国家权力结构中扮演着至关重要的“接点”角色，中央政府的决策和指令需要通过县级政府进行有效的贯彻落实，确保中央意志在基层得以有效实施。县的上下级管辖关系清晰明确，其政治权限受到省、市等多级权威的影响，体现了我国行政管理的层次性和系统性。在县级行政级别中，与县政府同一级还有市辖区政府、县级市政府等。县政府依法履行政府职能，包括经济调节、市场监管、社会管理、公共服务和环境保护，为地方经济社会发展提供有力支撑。

县是我国目前建制体系中最早的建制，最大特点是历史悠久，建制单位的区域范围相对稳定，为典型的普通传统型建制。县制发展到今天，其范围变化不大，但人口、经济、社会、文化等发生了巨大变化，现在县制的内涵无法与产生时期相比，只能与当今的县级市相比才能看出其特色。经济结构上，县一般以农业经济为主；城乡结构上，县大部分为农村地区，或者说县城规模较小；人口结构上，县以农业人口为主。如今，县政府作为地方国家行政机关，是国家行政区划的基本单位，具有行政管理、财政收入、法律执行等一系列权力。

新中国成立初期，县乡之间的区有虚、实两种，有的地方县乡之间设一级地方行政机关，即区人民政府，此谓“实”；有的则设区公所，作为县政府的派出机构，此谓“虚”。1954 年宪法与地方组织法取消了县以下作为一级行政机关的区政府，而区公所作为县政府的派出机构仍继续存在。人民公社化期间，除少数地区继续保留区公所外，绝大多数区演变成了人民公社。1979 年地方组织法规定，县在必要的时候经省、自治区、直辖市人民政府批准，可以设立区公所作为它的派出机关，区下辖乡镇。1986 年 10 月中共中央、国务院明确规定，除边远山区、交通不便的地区外，一般不设区公所。此后，区公所已不多见，县一般直接辖乡镇。

县域行政管理综合性与具体性相结合的特点，是县政府所处的上对省政府、下对农村乡镇的地位所决定的。宪法规定我国地方行政区划的基本结构为省、县、乡，县居省、乡之间，具有承上启下的作用。同时，县政府及职能部门领导既有一定程度的全面管理与宏观决策，也有深入基层进行具体指导和中观、微观决策。同时，县是我国行政区划系统的基本单位，体现了乡村与城镇相结合的特点。2022 年，全国有 2843 个县级行政区划单位。[1] 由于自然条件、社会经济、政治、文化等方面差别较大，决定了县域行政管理的差异性。县是地方行政管理的基本层次，是决策与执行的接合部。加上县制历史悠久，县的区域相对独立，地理条件、自然环境乃至方言俚语、风土人情、生活习俗等都显示出差异性，导致县域行政管理具有综合性与具体性相结合的特点。

一方面，县政府对辖区经济、社会发展实施宏观管理，上级行政机关有的部门，县政府要对口设置相应的部门；而且县域内一般有镇与乡两大建制，这就使得县政府必须具有城镇与乡村工作两大职能，所以县政府的工作职能与工作对象均具有综合性特点。另一方面，历史上县一直为基层政区，直接面对基层组织或百姓，县政府的工作十分具体。计划经济时期，县政府各职能部门要直接从事或负责厂矿企业的经济管理与生产；农业生产是县政府的重点工作之一，县领导及职能部门往往深入基层亲自安排生产计划。随着社会主义市场经济体制的逐步建立，县政府直接管理经济的职能虽然逐步淡化，但为企业、为农村经济服务的职能依然十分具体。如今，县域经济仍是我国最基本的区域经济单元。

二、乡镇的发展及特点

乡镇泛指县以下的农村行政区域，是我国政权体系中的基础单元。乡镇政府作为乡村社会治理的核心主体，需要对辖区内所有行政事务进行全面的管理和领导，承载着上联国家、下联群众的纽带作用，不仅关乎国家的长治久安，更直接影响乡村社会的和谐稳定。随着我国城市化进程的加快，乡镇的规模亦不断演变。截至 2022 年底，全国共有乡镇（街道）38602 个，比 2012 年减少 1844 个，总体呈现逐年减少的趋势，其中，乡 8227 个，相较 2012 年降低 5054 个，下降 38%；镇 21389 个，相较 2012 年增加 1508 个，增

〔1〕 参见中华人民共和国民政部：《2023 中国民政统计年鉴》，中国社会出版社 2023 年版，第 105 页。

长8%；街道8984个，相较2012年增加1702个，增长23%。〔1〕

1978—2022年乡、镇数量变化趋势如图2-2所示。

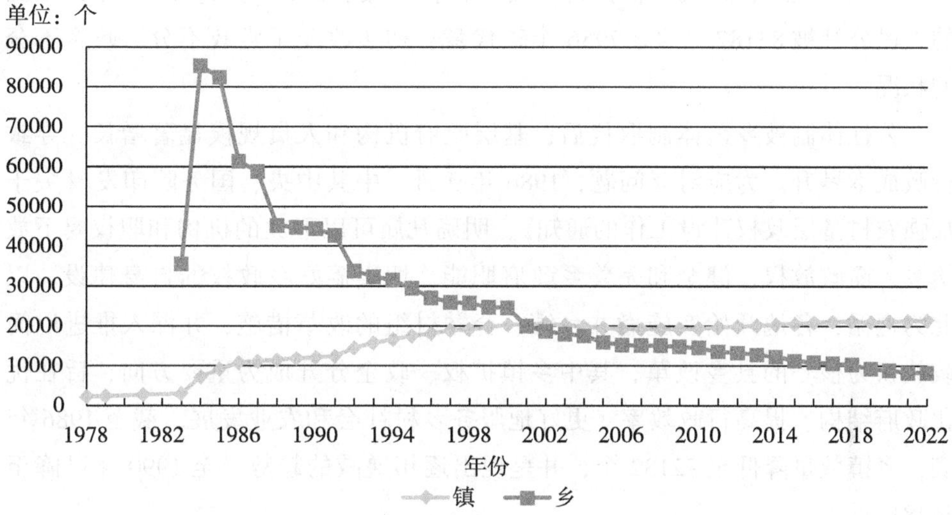

图2-2 1978—2022年乡、镇数量变化趋势〔2〕

数据来源：2023中国民政统计年鉴。〔3〕

从历时性角度分析，乡镇的发展经历了初步建立及早期改革、县乡综合改革、乡镇综合配套改革以及党的十八大以来的乡镇改革新发展阶段。

（一）初步建立时期（1979—1989年）

1979年7月，五届全国人大二次会议将地方各级革命委员会改为地方各级人民政府。为适应农村生产力发展水平和生产关系状况变革，1982年12月，第五届全国人大五次会议通过的宪法明确规定："乡、民族乡、镇是我国

〔1〕参见中华人民共和国民政部：《2023中国民政统计年鉴》，中国社会出版社2023年版，第106页。

〔2〕乡指的是不设区的市、市辖区、县（自治县、旗、自治旗、特区、林区）在辖区内实际设有的乡人民政府；镇指的是不设区的市、市辖区、县（自治县、旗、自治旗、特区、林区）在辖区内实际设有的镇人民政府。其中，乡的数量统计自1983年开始；镇的数量统计中1980年、1982年数据缺失。

〔3〕中华人民共和国民政部：《2023年中国民政统计年鉴》，中国社会出版社2023年版，第106页。

最基层的行政区域，设立人民代表大会和人民政府。”1983 年 10 月，《中共中央 国务院关于实行政社分开建立乡政府的通知》明确提出了实施政社分离、建立乡政府，强调可根据群众需要，合理设立经济组织。1985 年，全国的人民公社被 83182 个乡、7956 个镇代替，初步改变了党政不分、政企不分的状况。

公社体制被乡镇体制取代后，基层政府机构和人员规模显著增长，导致行政成本攀升。为应对此问题，1986 年 9 月，中共中央、国务院印发《关于加强农村基层政权建设工作的通知》，明确凡属可以下放的机构和职权要下放给乡，简政放权，健全和完善乡政府职能，切实搞好乡政权的自身建设。以此为遵循，各地开始实施撤并乡镇、合并村组的改革措施，并深入推进以简政放权为核心的县乡改革，其中乡镇扩权、政企分开成为重要方向，旨在优化政府结构、提高行政效率，更好地服务乡村社会和农业发展。截至 1986 年底，乡镇数量降低至 72132 个，并呈现出逐年递减的趋势，至 1990 年已降至 56481 个。

（二）撤并乡镇和县乡综合改革阶段（1990—1999 年）

20 世纪 90 年代，随着“分灶吃饭”和“分税制”的确立，乡镇政府在面临上级政府的目标考核和筹集税收以维持行政运转的双重挑战下，乡镇行政机构和人员规模出现了显著的扩张，达到了历史之最。县乡机构改革在此背景下全面铺开，改革的核心在于“转变政府职能，以适应社会主义商品经济发展的需要”，总体方向是构建“小机构、大服务”的新型政府模式，减少不必要的行政干预，进一步发展和健全公共服务体系。乡镇政府和机构人员的精简工作成为改革的重要任务之一，同时，乡镇事业单位逐渐建立起社会化的服务体系，积极引导和扶持乡镇企业的发展，以促进地方经济的持续增长。这些措施的实施，为乡镇政府机构改革提供了有力的支撑和保障。

（三）农村税费改革和乡镇综合改革阶段（2000—2011 年）

农村税费改革始于 2000 年，至 2006 年 1 月 1 日农业税废除。税费改革及配套的综合改革取消了面向“三农”的各种收费，包括 150 多项全国性涉农收费项目被取消、免收或降低标准，同时，农村“三提五统”、农村教育集资等收费项目也被取消，有力遏制了以征税为名向农民收取其他费用的不当行为，为农民减轻了经济负担，促进了农村经济的健康发展。

税费改革促进了基层政府职能转变，使基层政府摆脱了收取税费的任务，而是更注重良好政策环境的营造，更专注于社会治理和公共服务。同时需要注意，税费改革实施后，县乡财政体制呈现出新的发展趋势，财政权力逐步向上层集中，乡镇政府的人员薪酬、办公经费等日常开支，主要依托于县级财政拨款。这一变革致使乡镇政府在功能发挥上有所弱化，呈现出“悬浮型政府”的态势。[1] 除了财权，乡镇层面的部分事权也出现向上集中的趋势，比如，义务教育的事权上移至县级，由县级财政直接负责乡村教师的工资发放，一定程度削弱了乡镇政府的事权管理。

为解决税费改革后基层组织运行所需资金短缺的问题，中央层面先后出台多项政策文件。2000 年，《中共中央 国务院关于进行农村税费改革试点工作的通知》，明确省、市财政加大对财政困难和贫困地区县、乡财政的转移支付力度，以保障基层政府的支出需求，确保基层工作的顺利进行。2006 年，《国务院关于做好农村综合改革工作有关问题的通知》，明确规定中央财政将继续设立专项转移支付资金，对地方因取消农业税而减少的收入给予适当补助。同时，省级财政及市（地）、县（市）财政应加大转移支付力度，缓解地方县乡财力紧张的局面，确保基层政府运转顺畅、农村公益事业持续发展。

随着乡镇改革进入综合改革阶段，乡镇的主要职责更为明确。2006 年，“中央一号文件”《中共中央 国务院关于推进社会主义新农村建设的若干意见》再次强调乡镇改革的重要性，提出稳妥推进乡镇机构改革，切实转变乡镇政府职能，精简机构和人员，确保乡镇机构编制五年内只减不增，标志着乡镇改革正式进入农村综合改革阶段。2009 年，中共中央办公厅、国务院办公厅印发《中央机构编制委员会办公室关于深化乡镇机构改革的指导意见》，乡镇的主要职责被明确为四个方面：促进经济发展，增加农民收入；强化公

---

[1] 参见周飞舟：《从汲取型政权到“悬浮型”政权：税费改革对国家与农民关系之影响》，载《社会学研究》2006 年第 3 期，第 1－38 页。

共服务，着力改善民生；加强社会管理，维护农村稳定；推进基层民主，促进农村和谐。

（四）新时代乡镇改革发展时期（2012 年至今）

自党的十八大以来，党中央对基层政权建设工作予以高度重视。党中央、国务院紧密围绕这一核心任务，陆续颁布了若干重要政策文件，指导并推动了我国乡镇管理体制改革的深入实施，取得了令人瞩目的成就。

乡镇连接着国家与农民，是重要的治理节点。为实现乡村社会的有效治理，向乡镇下放权力是实现乡镇政府权责统一的重要举措。2013 年，党的十八届三中全会决议明确提出："直接面向基层、量大面广、由地方管理更方便有效的经济社会事项，一律下放地方和基层管理。"2015 年，中共中央办公厅、国务院办公厅印发《关于推行地方各级政府工作部门权力清单制度的指导意见》，旨在加快政府职能转变，提高政府科学、民主、依法施政水平。2016 年，中共中央办公厅、国务院办公厅印发《关于深入推进经济发达镇行政管理体制改革的指导意见》，指出经济发达镇体制改革的主要任务包括扩大经济社会管理权限、构建简约精干的组织架构、建立务实高效的用编用人制度、创新基层服务管理方式。2017 年，中共中央办公厅、国务院办公厅印发《关于加强乡镇政府服务能力建设的意见》，强调加快乡镇政府职能转变，强化服务功能，健全服务机制，创新服务手段，增强服务意识，提升服务效能，推进乡镇治理体系和治理能力现代化。2018 年，党的十九届三中全会强调构建简约高效的基层管理体制，推动治理重心下移，确保基层事务由基层管理、基层权力赋予基层、基层事务有人负责。治理重心下移是对基层的扩权赋能，旨在通过增强基层的治理能力，有效解决各类矛盾和挑战，这是构建基层社会治理新格局的重要一环。

总体上看，强镇扩权策略对于打破乡镇条块分割效果显著，有利于乡镇发展成为拥有全面治理能力的主体。通过权力下放，明晰不同层级政府间的职能权限，进一步理顺县镇政府的责权关系，以实现更加高效的治理效果。同时，有针对性地为乡镇增权赋能，完善其权力体系，缓解乡镇在压力型体制下所面临的权责不匹配问题，更好地履行治理职责。

三、街道的发展及特点

街道管理体制是我国城市基层社会的基础性制度，街道办事处作为我国城市基层政府的重要派出机构，是街道管理体制的组织载体，承载着基层政权的重要职责，同时也是维护社会和谐稳定、保障群众安居乐业的坚实防线。可以说，街道办在城市基层治理工作中发挥着承上启下的关键作用，既有效衔接了政府行政管理与社会的自我管理，又确保政策的落地实施与民意的上传反馈。

改革开放以来，街道办事处的工作重心不断转变。在 20 世纪 80 年代主要侧重招商引资等经济功能，20 世纪 90 年代以后，社会管理职能逐步凸显并得以强化，进入 2000 年，随着单位制解体，街道办事处的公共服务职能持续增强。街道的职能始终紧随时代步伐，不断适应并服务于社会的发展与变迁。随着城市化进程的推进，街道数量整体上呈上升趋势（如图 2－3 所示），截至 2022 年底，全国共有街道 8984 个，相较 1979 年增长了 2 倍；共有居民委员会 117938 个，居民小组 133.1 万个，居民委员会成员 66.3 万人。[1]

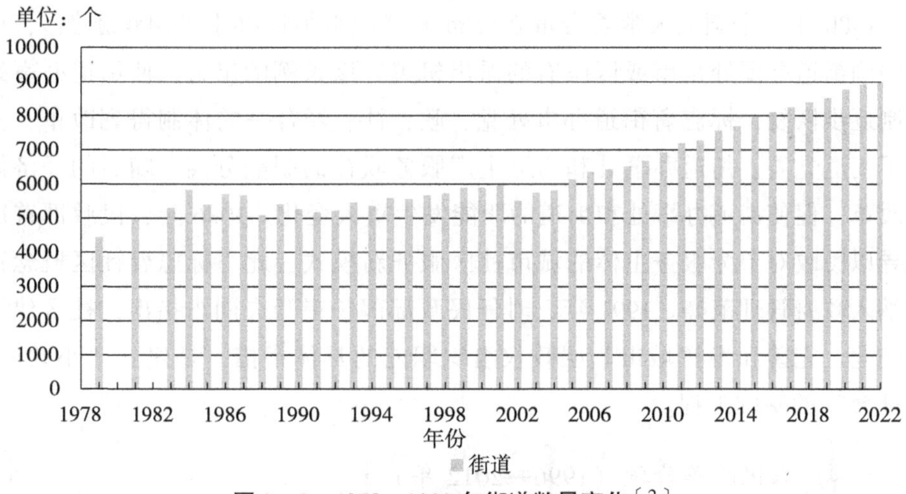

图 2－3　1978—2022 年街道数量变化[2]

〔1〕 参见中华人民共和国民政部：《2023 中国民政统计年鉴》，中国社会出版社 2023 年版，第 106 页。

〔2〕 中华人民共和国民政部：《2023 年中国民政统计年鉴》，中国社会出版社 2023 年版，第 106 页、第 143 页。

（一）初步建立阶段（1953—1995 年）

新中国成立后，巩固新生政权、维护社会稳定成为国家工作的重中之重。为适应新形势下的社会发展需求，国家对基层政权的组织模式进行改革。在1953 年，时任北京市市长的彭真同志向党中央提出设立街道办事处的建议。1954 年，第一届全国人大常委会第四次会议通过《城市街道办事处组织条例》与《城市居民委员会组织条例》，以法律形式对街道办事处的性质、任务和作用作出规定，明确街道办事处并非城市基层政权机构的一级，而是市辖区人民委员会的正式派出机关，承载着特定的职责使命。至 1956 年，全国各地完成了街道组织的整顿和组建工作，以街道办事处—居民委员会为轴线的城市基层政权模式渐趋形成。街道办事处作为政府授权的组织机构，负责贯彻执行市区政府政策、监督指导居委会工作等职责；居委会作为群众自治组织，通过民主选举产生，主要职责是协助街道办事处落实相关政策、推动基层自治。

1980 年，全国人大常委会重新公布了《城市街道办事处组织条例》，再次明确街道办事处是市或区政府的派出机关。该条例的出台，使街道办事处建制逐步恢复，标志着街道办事处党、政、社、经合一的体制得到改革，实现了街道党委、街道办事处和街道生产服务联社的职能分离。随后的经济体制改革，促使街道办事处和街道的职能发生重大变化。1986 年，民政部首次倡导以民政对象为服务主体的城市社区服务新模式，此举标志着社区概念正式纳入政府管理范畴。1991 年，时任民政部部长崔乃夫同志指出，社区建设是健全、完善和发挥城市基层政权组织职能的具体举措，是建立“小政府、大社会”的基础工程。

（二）深化改革阶段（1996—2012 年）

随着我国市场经济体制的全面建成，街道办事处日益承担起城市治理、社区建设、精神文明创建等多方面的职责。为响应国家简政放权的号召，原来由各部门管理的多项任务，如市场管理、城市绿化、交通道路、民政福利、市容市貌等，逐步下派至街道层面执行。此外，“单位制”的解体使原本由单位承担的政治教育、社会服务、福利保障等功能转移到街道，对街道办事处的综合管理能力提出了更高要求。1996年，上海市委、市政府构建出具有鲜明特色的“两级政府、三级管理”新体制，旨在强化区、街管理功能，增加街道办事处的职权范围。2009年，第十一届全国人大常委会第九次会议决定废止《城市街道办事处组织条例》，认为城市街道办事处的设置和职能权限明显不适应当前经济社会发展的需要。

2010年前后，全国各地纷纷对城市基层治理结构进行了一系列改革。在此期间，上海、南京、铜陵、深圳等地的街道管理体制改革尤为引人注目。经过此轮改革，街道办事处的职能得到提升，实现了“事情有人做”“事情有钱办”“办事有章可循”，不仅加强了对居委会的管理和指导力度，同时实现了对上级部门派出机构的有效整合。随着街道所承担的经济发展、城市管理、公共服务、社会管理等功能持续增强，其重要性越发凸显。为应对社会建设和社区服务等领域的挑战，优化街道层级的硬件设施、培育和发展社会力量成为必然之举。

（三）多元发展阶段（2012年至今）

经过深化改革，街道办事处主要承担辖区内的社会治理和公共服务，但也存在如职能划分不清、条线关系不顺、资源下沉力度不足等问题。为应对这些挑战，各地积极推进城市街道体制改革，比如，上海市以世博会为契机，对街道办事处进行全面规范提升，加大资源投入，梳理权责关系，确保各项工作有序开展；深圳在大部制改革的基础上，调整区域的规模，推动资源下沉；武汉市于2015年开展中心城区街道行政管理体制改革，取消了街道的招商引资职能和经济考核指标，使其更为聚焦基层党建、公共管理、公共服务和安全维护。也有地方探索撤销街道办事处，比如安徽省铜陵市撤销街道办并成立23个大社区，形成“一个核心、三个体系”的体制机制；南京白下区通过取消街道办、建立地区行政事务受理中心推进改革。街道办事处“责任无限—权能有限”的权责失调问题通过服务下沉、购买社会服务、提升综合执法权等方式得到有效缓解。

2019年，习近平总书记在上海基层调研时要求，推动城市治理的重心和配套资源向街道社区下沉，聚焦基层党建、城市管理、社区治理和公共服务等主责主业。围绕以上领域，各地积极开展了多样化的实践探索，城市街道体制在新时代新阶段迈向更加多元发展的新阶段。

第三章　基层治理创新的基本模式与现实样态

基层治理创新的本质内涵是突破旧的思维方式和条条框框，创造具有应用价值的新思路、新机制、新方法，从而达到推动改革发展的目的。本章侧重于分析基层治理创新的本质内涵、基本模式和影响因素，用于概括和描述基层治理创新的发展模式与现实样态。

第一节　基层治理创新的本质内涵

基层治理创新的目的在于破解服务群众“最后一公里”的难题，提升基层治理能力和治理水平。作为深植于特定制度场域、经济基础和地方文化的实践行动，基层治理创新必须坚持守正创新的原则，在与地方经济社会发展步调相符的基础上，着眼于问题解决和服务人民，寻求突破既有治理模式框架的新机遇，在新的治理理念的指导下不断开拓创新领域、丰富本质内涵。

一、共建共治共享是基层治理创新的本质要求

基层治理创新旨在通过健全完善基层治理的体制机制，用新型管理机制与动员手段力促社区居民参与公共性活动，并经由社区内外部网络寻求提升社区层面社会资本的途径，助推中国特色社会主义制度更加成熟定型、更好体现人民群众的主人翁地位，最终实现共建共治共享的社会治理格局。

“共建共治共享”的治理理念从党的十八届五中全会“共建共享”的概念体系中提升而出。2015 年，党的十八届五中全会首次提出“构建全民共建共享的社会治理格局”，“共建共享”的概念应运而生。2017 年，党的十九大

报告明确提出“共建共治共享”的理念，要求“打造共建共治共享的社会治理格局”。2019 年，党的十九届四中全会提出，“坚持和完善共建共治共享的社会治理制度”。2020 年，党的十九届五中全会将“完善共建共治共享的社会治理制度”明确为“十四五”社会发展重要目标任务。2021 年，《“十四五”城乡社区服务体系建设规划》发布，进一步明确坚持共建共治共享的原则。2022 年，党的二十大报告指出，“健全共建共治共享的社会治理制度，提升社会治理效能”，为新的历史条件下推进社会治理现代化指明了发展方向，提供了根本遵循。

完善共建共治共享的社会治理体系，是推进国家治理体系和治理能力现代化进程中的关键环节。基层社会治理现代化既是国家治理现代化的重要支柱，也是国家治理现代化的坚实基础。共建共治共享既是基层社会治理创新的总体思想指导，同时也是加强和创新基层治理的目标要求之一，旨在让更多主体参与其中，推动治理方式向多元化发展，确保社会治理成果更加公平地惠及广大人民群众。

总体来看，共建共治共享的治理理念内含着多元共治、全民参与、共同享有的三重意思。“共建”强调共同参与社会建设，实现平等协商、互利共赢；“共治”强调共同参与社会治理，实现政府治理、社会调节、居民自治的有效衔接和良性互动；“共享”强调共同享有治理成果，使广大人民群众共享改革发展成果。[1]

“共建”的本质是共同建设，强调平等参与、优势互补、互利共赢，旨在通过发挥各方的优势和潜能来实现共同的目标和利益，这种合作可以发生在不同领域、不同层次和不同主体之间，以实现共同的目标和总体利益为要事。“共建”的内涵包括三方面。首先，平等参与的原则，各方享有平等的参与权和决策权，避免任何一方的强势或霸权行为，确保共建过程的顺利进行和成果的有效共享。其次，优势互补的原则，共建强调发挥各方的优势和潜能，通过优势互补形成新的合作优势，这意味着在共建中，各方需要认清自己的

〔1〕 参见马庆钰：《共建共治共享社会治理格局的意涵解读》，载《行政管理改革》2018 年第 3 期，第 34－38 页。

优势所在，并主动与其他方进行合作和交流，以实现互利共赢。再次，目标导向的原则，共建的目标是实现合作共同体的总体目标和整体利益，需要有明确的目标和方向作指引，围绕总体目标制订具体的实施计划并采取措施，不断探索新的合作模式和方法，以适应不断变化的环境和挑战，保证共建的成果符合各方的期望和需求。

“共治”的本质是建立深层次的合作关系，实现政府、非政府组织、企业以及个人之间的联动与协作。这种联动的目的是多方面的，包括提升社会治理水平、优化公共资源供给、构建成果共享机制、凝聚社会信任和社会资本以及增强民众的主体意识和参与意识。总体来看，“共治”具有三方面的内涵。首先，协作与参与，共治强调各治理主体之间的协作与参与，不仅仅是政府的单向管理，更是多元主体的共同协作，这意味着合作的领域、内容和形式可以超越部门、层级和科层限制，能够形成一种网络化的治理结构，提高治理的针对性和有效性，避免“一刀切”和过度干预。其次，共享与共赢，资源共享、互惠互利、合作共赢是共治过程中试图达到的目标，通过合作，使各个主体可以共享信息、资源和技术，共担成本、责任和风险，从而实现互利共赢，提高社会运行效率。最后，民主与透明，共治要求治理过程民主透明，充分尊重和保护公众的知情权、参与权和监督权，通过程序公正、公平竞争、公开透明的治理过程，增强公众的信任和支持，提高治理的合法性和有效性。

“共享”代表着相互合作、平等协商、责任共担、利益共享的“合作中的伙伴关系”，是以人民为中心的发展思想的重要体现。一方面，从社会经济的角度看，共享是一种对物质与精神财富的平等拥有权利的要求，拒斥特权或私人独占，倡导互爱互帮互助、共享发展成果。在中国传统文化中，共享意识有着深厚的渊源，如“天人合一”的宇宙观、“天下大同”“家国一体”的思想观，彰显着共享理念的文化底色，这与古代诸子百家的道德伦理息息相关，比如，儒家强调的“万物并育而不相害，道并行而不相悖”，道家主张物无贵贱，佛家倡导众生平等，墨家则提倡兼相爱、交相利，传统文化所蕴含的伦理价值和道德判断对社会提出成果共享的诉求。

另一方面，结合中国特色社会主义的发展实践，共享是其本质要求。主要体现在以下四方面：一是全民共享，确保人人享有、各得其所，摒弃少数人共享或一部分人共享的局限；二是全面共享，即共享国家改革发展的丰硕成果，全面维护群众在政治、经济、文化、社会等方面的合法权益；三是共建共享，即坚持在共建中实现共享，在激发民力、汇聚民智、发扬民主的过程中，推动形成人人参与、人人尽力、人人享有的生动局面；四是渐进共享，共享发展不是同步发展或同时发展，而是蕴含从不发达到发达、从不均衡到均衡的过程，各地在不同时期、不同阶段显现出彼此殊异。共享的本质内涵包括对物质与精神财富的平等拥有权利的要求、对传统文化中共享思想的继承和发展以及在中国特色社会主义中的具体体现。

综上，共建共治共享是一种强调协调合作、共同建设和分享的社会治理模式，意味着社会治理不只是党委、政府的职责，也是社会各界的共同责任。这种模式强调多元主体之间的协作共议，鼓励各方力量参与社会治理，共同解决问题，推动社会发展，以实现社会治理的最大化效果。同时，共建共治共享也强调共享发展成果，倡导公平正义，让人民群众成为社会治理的最广参与者、最大受益者、最终评判者。因此，共建共治共享是一种具有时代意义和社会价值的社会治理模式，对于推动我国社会治理体系和治理能力现代化具有重要的指导意义。

二、“三治融合”是基层治理创新的重要方向

基层治理创新是推动基层社会发展的主要手段之一，借助制度创新和体制机制建设，推动基层治理向更高水平迈进，而“三治融合”，即自治、法治和德治相结合，是基层治理创新的重要方向。“三治融合”强调自治、法治和德治的有机结合，通过推动基层群众广泛参与、基层党组织有效领导、基层道德建设以及基层法治建设的保障作用，实现基层治理的现代化和高效化。

（一）“三治融合”的治理理念

自治是指基层群众自我管理、自我服务的一种治理方式，通常是指一个团体或组织在没有外部干预的情况下，在自我治理的基础上行使民主权利、参与公共事务，自行管理内部事务的状态或过程。在基层治理中，自治主要

指发挥社区居民或村落村民的主体作用，建立健全居（村）民自治机制，让民众参与到社区公共事务中来，实现自我约束、自我管理、自我教育。在"三治融合"中，自治是基础，其最大优势在于以较低成本的资源投入推动体制机制创新，发挥加强民众参与、提升政治融入的作用，达成政府、市场与社会之间的关系重构，因而在基层治理中具有更为普遍的意义。自治强调的是内部的管理和决策权，它要求团体或组织具有一定的自我管理和自我发展的能力。自治意味着自觉自为、慎独自省，是自我治理和自主治理的统一，离不开道德的约束和法律的规范。[1] 为提升自治水平，基层治理创新必须强化内部的民主参与机制的构建，在民众认同的基础上推动社区治理，通过多元主体共同的深度参与，以实现公共利益最大化，而其最终的目标导向是引导社区进入一种自我管理、自我教育、自我服务的发展状态，以此保障居民民主参与的权利，达致社区自治的目标。

德治作为中国传统治理思想之精髓，与仁政、礼治、王道相辅相成、互为支撑。作为治理之根本，德治强调对自然规律、社会道义和民众意愿的遵循，旨在通过激发人的内在自觉，实现社会的合理有序与和谐共融。德治作为我国传统治国理论的核心要义，历来占据举足轻重的地位。特别是在我国古代社会，德治理念深受儒家推崇，被尊为正统思想之圭臬，指导着国家的治理与发展。在儒家看来，用德行和礼仪来施行教化，不仅能避免过错，还能使人自觉行善。这与仅仅依赖法律和刑罚来治理国家有很大区别，法律和刑罚虽能形成外在的震慑，使人们产生畏惧之心，在行动上避免犯罪，但难以使人们从内心深处认识到错误之所在。关于德治的思想贯通古今，如《盐铁论·刑德》提到"德明而易从，法约而易行"；《全唐文·陈子昂》记载"古人善为天下者，计大而不计小，务德而不务刑"；《东周列国志》载"德而不威，其国外削；威而不德，其民内溃"。这些古语强调了道德在治理国家中的重要性，主张以道德去感化教育人，使人心良善而无奸邪之心，包含着开启民智、启发良知的内容。德治的理念根深蒂固、历久弥新，强调依靠长

---

[1] 参见殷铭：《在实践中找准自治、法治、德治结合方式》，载《中国社会科学报》2020年10月14日，第B02版。

老权力、村规民约、祖训家风等将道德塑造成约束行为的精神力量，至今仍然具有重要的社会文化价值，为现代基层社会治理提供了有益的启示。

德治在“三治融合”中发挥着重要的支撑作用，是以道德准绳来约束民众行为、形成社会秩序及公序良俗的治理观念和方式。作为一种非正式的制度约束，德治以道德建设为基础，依靠群众心中的道德规律，实现自我治理和自主治理。作为一种治理手段，德治能够延伸到自治与法治难以触及的地方，破解深层次的社区治理难题。

法治是指依法治理的一种治理方式，包括依法治理、依法行政等方面，旨在通过法治手段规范社会行为、维护社会秩序、调节社会关系、化解社会矛盾，从而达到保障公民权益、促进社会公平正义的目的。法治是社会治理的重要方式和手段，在“三治融合”中发挥着保障作用，同时，法治也能够提高基层治理的稳定性和可预测性，减少不确定因素和风险。对国家而言，法治体现着统一、尊严和权威，法制的统一、尊严和权威是实现社会治理、发挥法治作用的前提和保障，法制的尊严和权威也是保证法律有效实施，维护社会稳定的重要基础。对社会而言，法律是社会秩序的保障，通过法律的强制力公正、公平地解决社会矛盾，可以维护社会秩序的稳定，防止社会动荡，减少社会冲突。对个人而言，法治可以明确社会成员的行为规范，引导人们遵守社会规则，调节各种社会关系，保障社会公正公平。

法治的本质是良法善治，基层社会治理离不开法治的保驾护航。党的十八届四中全会提出“全面推进依法治国，基础在基层，工作重点也在基层”，要提高社会治理法治化水平，推进基层治理法治化。法治在基层治理中的重要性日益突出。首先，法治为基层治理的公正性提供保障。通过科学立法、严格执法、公正司法、全民守法，避免权力滥用和不当干预，保障公民的合法权益。同时，法治还能够为基层治理提供明确的指导和依据，使治理行为更加规范有序、合法合规。其次，法治可以提高基层治理的效率和质量。在法治的框架下，各种治理资源和手段可以被更加合理、有效地配置和运用，提高治理效率，促进基层治理的民主化和科学化，增强透明度和公信力，提高政府的服务能力和效率。最后，法治还可以促进基层治理的创新和发展。法治为基层治理提供坚实的法治保障，为基层治理的长远发展提供有力支撑，在法治的保障下，基层可以在更为广阔的空间和领域展开探索，推动社会治理的创新性发展。

在“三治融合”的社会治理体系中，自治是基层治理的制度目标，基层群众自治也是我国的基本政治制度，所以自治是“体”。法治、德治是治理方式，共同构成基层治理的规范体系，是“用”。三者结合形成“自治为体，法德两用”或者“一体两翼”的治理模式。其中，自治处于主导地位，反映人民既是治理的客体更是治理主体，有利于充分发挥人民民主的体制优势，激发基层群众的创造力与基层治理的活力。将法治引入基层治理，保证了自治过程有法可依，巩固了自治成果。在自治与法治的基础上辅以德治，可内化各主体责任，增添基层治理的人文关怀。由此，自治、法治、德治三个部分构成了相互支持、相辅相成的稳定三角关系。“三治融合”并非三种因素简单相加，而是三种力量的有机结合和补充，在打造社区治理共同体上共同释放向心力。

（二）“三治融合”对基层治理创新的内在要求

自治、法治、德治三者的有机结合，彰显了基层治理的综合性与系统性，强调了在推进基层治理过程中，不可偏废任何一方面的治理资源，必须实现全面协调与共同发展。健全自治、法治、德治相结合的基层治理体系，主要包括“谁来治理”“依何治理”“如何治理”三个方面，需要解决三个核心问题，即组织目标设置、组织运作机制以及支持组织运作的条件。

第一，多元主体合作共治。基层治理仅仅依靠某一种力量并不能达到预期的效果，需要通过调动社区内外各方的积极性，激发政府、社会、市场各方主体的积极性，使基层政府、居（村）民自治组织、社区居民、社会组织、社会工作者、企业等充分发挥自身的优势，形成协调、分工、合作的治理模式。要从意识和行为两方面构建政府主导、居民主体的社区治理多元主体利益协调机制。一方面要突出居民在社区管理中的核心地位，把“以人为本”作为基本价值追求，统筹各方利益诉求，汇聚各方真知灼见，谋求“最大公约数”来实现良性互动。另一方面在协调机制中，要进一步寻求沟通便利化、决策合理化、参与社会化。沟通和互动是实现各方协商一致的有效方式，在管理的实施中，通过对信息的公开和项目的论证，可以提高各方的参与理性，确保各方能够畅通表达观点、进行质疑，同时也能得到回应和反馈。

第二，多元规范优化合治。基层治理依据的规范是多元的，不仅包括法律、行政法规、地方性法规、部门规章、规范性文件、地方规章等正式规范，也包括村规民约、居民公约、道德规范、自组织规范等非国家法意义上的习惯法、民间法。民间规范由于长期以来散落民间和基层社会，不仅规范的内容比较杂乱，而且民间规范的影响力也有地域限制，往往在特定区域或部分领域发挥规范约束作用，即所谓“十里不同风，百里不同俗”。以村规民约、居民公约为代表的“地方软法”，是基层治理重要的制度载体，旨在将国家法治精神转化为基础性规范，并对基层社会进行有效的制度整合，对激发社会发展活力、凝聚群众创造伟力、培育发展动力具有重要意义，理应成为基层治理的重中之重。

以村规民约为例，它是村民进行自我管理、自我教育、自我约束的行为规范，涵盖生产生活、伦理教化、秩序维护、资源共享等内容，具体包括农业生产、土地管理、家庭婚姻、纠纷调解、村风民俗、治安管理、环境保护等事项，有利于维护基层民主、化解矛盾纠纷、推动移风易俗。村规民约在乡村治理中的重要性可以归纳为三点。一是基层社会治理的重要工具。村规民约是确认村民资格的重要机制之一，其中对农村集体资产的保护与分配，为村民获得集体收益和社会福利提供了根本保证，有利于规范农村经济发展秩序、约束村民行为并优化农村环境；关于村委选举、民主管理、信息公开等方面的内容，保障了村民在村委选举中的自主权、村务管理中的参与权、村务公开中的知情权，为基层民主自治提供了有效的监督机制。[1] 二是精神文明建设的创建载体。村规民约本身就是一种道德规范和乡土文化，其以道德教化和文化培育为基本定位，发挥着功能性载体的作用。一方面，制定和实施村规民约是通过道德规范约束村民行为的过程，能够形成一个道德舆论场，起到教化村民的作用；另一方面，村规民约是约定俗成的文化传统的重

---

〔1〕 参见孙笑非、张亚鹏：《“上墙”与“落地”：国家治理视角下村规民约的现实困境与优化策略》，载《贵州大学学报》（社会科学版）2021 年第 3 期，第 79－86 页。

要表现，对传承中华优秀传统文化起到了重要作用。三是基层法治建设的有效补充。村规民约被视为“民间法”和“习惯法”，具有辅助国家法律和推进社会法治建设的功能，可以延伸到国家法律触及不到的地方，弥补法律的空白。此外，在国家法律法规指导下制定村规民约，有助于增强村民的法治观念和法治意识，推进基层法治化建设。

全国范围内也涌现出了众多优秀案例，在村规民约的内容、形式及制定程序、实施进程方面均有创新。比如，河南省伊川县酒后镇梁疙瘩村的村规民约坚持“民风传古训，勤劳成风气”的原则，以顺口溜的形式，弘扬原古训中普遍认可的文化观念。湖北省丹江口市丁家营镇三清庙村引入积分制，运用奖惩规制内容引导民众将积分与村民各方面的行为和利益分配挂钩，建立“红黑榜”加以约束。贵州省湄潭县永兴镇茅坝村的村规民约创新表达形式，以民歌形式经久传唱，使之深入人心。黑龙江省大庆市肇源县浩德乡西浩德村强调政府与乡村的良性互动，前期由县民政局、乡镇政府及村“两委”组织参观学习、座谈讨论、走访调研等活动，根据村民诉求和集体意愿反复打磨修订，在良性互动中不断修正调适，最终形成民众认可的村规民约。安徽省枞阳县浮山镇浮渡村创新宣传方式，发动学校参与，鼓励老师在思想品德课上讲解村规民约，并通过“致学生家长一封信”让家长参与其中，加深民众对村规民约的认知度和认同度，引导其规范自身行为。吉林省敦化市雁鸣湖镇小山村加强组织监督，组建由村“两委”成员、村务监督委员会成员、党员、村民代表构成的执约队伍，执约队伍的主要工作是帮助村民委员会执行村规民约，对于村规民约中的奖惩规定进行监督执行，如帮助统计积分、兑现积分，宣传表扬奖励与通报批评等，说服督促被处罚者履行义务等。乡镇政府可以定期组织对各村执约队伍的培训，培训的内容应以法律知识、政策方针以及调解技巧等为主。

村规民约效能的展现和实践经验启示我们，在推进基层治理的实践过程中，务必高度关注多元治理规范的整合工作。这不仅要求我们严格遵循法律法规、地方规章、部门规章等正式规范，同时也需合理吸纳与整合习惯法、民间法等非正式规范。各类制度资源应被视为一个相互协调、互为补充的有机统一体。我们应当坚守“自治、法治、德治相结合”的治理原则，科学优化并整合多元规范结构，构建以正式规范为主导，非正式规范为补充的多元规范合作治理体系，以确保基层治理工作的有序进行和高效运转。

第三，多重资源系统融治。“三治融合”需要来自组织内部和组织外部各种要素的支持，主要包括七种类型的资源：政治资源、社会资源、人力资源、金融资源、物质资源、环境资源和文化资源。根据时间和人力等因素在不同类型和形式之间的流动性，社区资源在结构和功能上可分为四个维度，分别是领导核心、物质基础、组织关系、文化与关系，其中每个维度对应着一种或多种资产类型（见表 3－1）。社区资源主要强调社区内在具有的能力、资源和潜力。通过整合社区现有资源，激发人民参与社区公共事务管理，实现社区共同体各项运作资源的合理配置。

表 3－1　社区资产的内在维度和内涵

维度	内　　涵
领导核心	以基层党组织和社区党员为代表的政治资产。
物质基础	社区物质资产和金融资产，如社区基金会、集体物业等。
组织关系	社区组织资产，如社区社会组织、居民自治团体和群众性社团等。
文化与关系	社区文化资产、人力资产和社会资产等。

为了有效配置社区共同体的运作资源，需要大致遵循“组织—构想—规划—事实与评估”四大程序。一是绘制社区资源地图，充分调查社区内在资源，重点关注社区组织的类型和功能，编制社区能力清单。二是明确社区建设目标，以目标为导向，合理运用社区资源，编制可实施的方案。三是建立健全社区资源激励政策，探索“社区内人际网络＋规范制度”模式，充分鼓励各社区资源发挥优势。四是科学评估资源建设结果，对建设结果进行总结与分析，形成相应的建设经验。值得注意的是，除了内部支持，外部资源的介入也是社区建设的重要途径，例如利用社区外的活动、信息、投资等资源来支持社区发展。随着大数据、人工智能、区域链等现代科技的发展，数字化治理逐渐成为社会治理的重要抓手，也成为社区发展的重要技术资源。从组织和管理的角度来看，这项技术是支撑和保障社会团体建立社区的关键创新要素。

“三治融合”为基层治理创新提供了有力的理论指导和行动指南，同时，基层创新实践为“三治融合”搭建了广阔的舞台。基层治理创新作为推进“三治融合”的重要途径，通过创新基层治理的理念、方式方法和体制机制，可以更好地发挥自治、法治和德治的优势和作用，提高基层治理的整体水平和社会效益，不断推进“三治融合”与基层治理创新的有机结合。

第二节　基层治理创新的基本模式

基于中央—地方—基层的关系结构，基层治理创新可分为三种模式：一是以上级政府为主导、基层力量为补充的自上而下型创新模式；二是顶层设计与地方探索有机结合、良性互动的上下衔接型创新模式；三是以地方设计为主导、逐步被中央或上级部门吸纳的自下而上型创新模式。

一、自上而下型创新

自上而下型模式是由中央指定或授权地方开展试点实验，由地方开展广泛且持续的政策试验，再将试验结果反馈中央，推动中央进行政策调整，从而为更大范围的改革创新寻求突破口。由于地方政府开展自主创新的实践探索是由中央或上级政府赋予，所以中央政府或上级政府在创新绩效和扩散推广上具有较大的裁决权。

改革开放以来，中央权威是推动地方创新和全面改革的主导力量，中央政府的强力推进和控制支配，推动地方改革在具有较大选择权和裁量权的创新空间中推展开来。在此过程中，中央的政策导向扮演着重要角色。譬如，中央每年年初发布的“中央一号文件”，自 2004 年起至 2023 年连续二十年以农业、农村、农民为主题，表明了“三农”问题在全面建设社会主义现代化国家中的重要性，农业、农村、农民在国民经济发展中的压舱石地位，以及基层治理在国家治理中的基础性定位。党中央把乡村治理作为国家治理体系和治理能力现代化的重要组成部分，进行了明确部署，为全年乃至更长一段时期的“三农”工作锚定方向。“中央一号文件”通过权威政策释放政策创新的信号、引导创新行动，指导地方政府在重点领域和关键环节开展探索试验。

中央政府不仅在政策设计层面积极推进基层治理创新，还采用定点试验和政策吸纳的方式，自上而下地持续推行。一般来说，在正式出台某项制度或新的规定前，中央政府会凭借自上而下的威权设定试验目标，选定部分地区或者个别部门进行试点，通过提供政策优惠、制度保障或财政支持，默许或鼓励地方进行试验性实践、探索与尝试，自主探索差异化的政策工具，寻找破解实际问题的最优路径，完成上级认可的试验任务，试验成功的地方经验有机会在其他地方推广并被正式制度吸纳，为地方乃至全国性的政策制定提供相关知识和参考经验。从央地关系的角度，政策试点本质上是中央政府授权主导的政策求解过程，是中央和地方共谋互惠的结果。政策试点内嵌于权威体制之中，权威的科层体系赋予试点独特的资源禀赋和推动力量，保障试点工作的成功并使其持续扩散。

典型案例有浙江安吉“美丽乡村”计划、北京“接诉即办”工作机制。

（一）浙江安吉“美丽乡村”计划

浙江安吉的“美丽乡村”建设源自“两山”理论。2005 年 8 月 15 日，时任浙江省委书记的习近平同志考察安吉县余村时指出：“下决心关停矿山是高明之举，我们过去讲既要绿水青山，又要金山银山，实际上绿水青山就是金山银山。”此后，安吉县以“两山”理论为指引，致力于成为“两山”理论的践行者，2008 年率先推出“美丽乡村”计划，旨在将全县的 187 个行政村建设成为“村村优美、家家创业、人人幸福、处处和谐”的现代化新农村样板，进一步推进乡村的生态文明建设。

2009 年，农业部将安吉县的“美丽乡村”建设经验作为“安吉模式”向全国推广。安吉县在美丽乡村建设方面的典型经验也成为浙江省“八八战略”的关键组成部分。浙江省在总结提炼安吉实践经验的基础上，于 2010 年制订为期五年的美丽乡村建设行动计划，进一步推动了创新经验在全省的扩散实施。[1] 2014 年，我国首个美丽乡村省级地方标准——《美丽乡村建设规范》出台。随后，农业部于 2013 年初在全国范围内启动“美丽乡村”创建活动，“美丽乡村”在安吉县取得显著成效的同时，也在浙江省乃至全国范围内得到了广泛的推广和应用。2015 年，国家质量监督检验检疫总局、中国国家标准化管理委员会发布国家标准《美丽乡村建设指南》，规定了美丽乡村的村庄规划和建设、生态环境、经济发展、公共服务、乡风文明、基层组织、长效管理等建设要求，成为各地推进“美丽中国”建设的重要政策参考。

（二）北京“接诉即办”工作机制

2018 年底，时任北京市委书记蔡奇同志提出：“凡是市民诉求、媒体曝光、12345 热线反映的问题，各单位都必须闻风而动、接诉即办。”12345 市民服务热线群众电话成为“街乡吹哨、部门报到”的哨声源。为推动委局系统重心下移、力量下沉，“接诉即办”调度指挥中心于 2019 年 7 月 10 日正式揭牌运行，并通过政府购买服务方式建立 12345 民政分中心，实现了与 12345 市民热线的无缝对接。

“接诉即办”调度指挥中心以电话调度、逐件催办、实地督办、抽查核查等形式对群众诉求进行安排调度。对重点督查事项，中心会同相关单位分析查找原因，研究制定解决方案。负责综合协调和调度指挥委局系统“接诉即办”工作，确保 12345 群众电话诉求的接收、办理、转办、催办、办理回复的督查和督办有序进行，对群众电话诉求“响应率、解决率、满意率”综合分析和综合排名，以及重大疑难和高频突出群众诉求问题分析研究和督办等。12345 民政分中心实行全天候值班值守，设有群众诉求线上受理专员、线下调研服务专员、数据信息维护专员及管理人员等。

按照北京市“接诉即办”工作要求，对群众电话诉求实施四级管理。其中，对突发事故、不稳定因素以及可能造成群众生命财产损失的诉求，2 小时内反馈情况；对政策咨询类电话，当日接收、当日回复；对一般电话诉求，

---

〔1〕 参见许雅文：《刚成立的生态环境部，为什么在全国推广这项浙江经验》，载《浙江在线》2018 年 4 月 16 日。

按照事件轻重缓急，3 日内进行回复；对比较负责的电话诉求，7 日内进行回复，不能办结的，及时向来电群众通报办理进度，说明原因，争取群众理解，确保群众满意。[1]

12345 民政分中心接到市民热线转送的群众诉求后实施首办响应复核，安排专人第一时间和来电群众联系，进一步核实诉求情况，补充诉求信息，完善诉求内容，告知办理程序，由调度指挥中心统一转办。自办的诉求电话安排专人第一时间和来电群众取得联系，答复、办理、回访；转办的诉求电话协助承办单位办理，到期前的 2 日内，向承办单位、承办人发出预警信息，防止超期限办理，确保按期办结率 100%。[2]

此外，针对诉求办理、数据运维、风险防控与处置情况，市委局、各处室实行双报告制度。对系统平台上办结的群众诉求，调度中心安排进行回访，询问群众诉求是否得到解决、是否满意等情况，一旦发现群众对结果存在不满，将立即通报相关办理单位，并启动电话诉求升级回复机制，确保群众的合法权益得到充分保障。同时，通过征求办理单位意见，派出调研员，实现现场工作与线上调度有效联动、高效对接，下沉力量，对于高频问题、疑难问题、长期未办结事项诉求进行现场专项调研，深入剖析问题根源。对于仍有不满情绪的群众，将对问题展开分析，并形成专报上报，以便为有关部门改进工作方法、制定政策提供参考依据。

中共北京市委社会工作委员会与北京市民政局持续强化对“接诉即办”的督办力度，将民众诉求的表达、解决视为衡量民情民意的关键指标。借助“接诉即办”大数据平台的识别与应用，北京市建立了涵盖周报、月报、季报、半年报的诉求分析体系，定期对民众诉求、各单位办理情况展开分析讨论，促使群众成为问题解决的监督主体、评判主体和推动力量。这种“眼睛向下”服务民众的治理理念，明确了大城市治理的方向，有效提升了广大群众的获得感、幸福感、安全感。

---

〔1〕 参见安娜：《群众需求在哪里　基层工作就跟到哪里》，载《中国社会报》2020 年 8 月 13 日，第 1 版。

〔2〕 参见安娜：《群众需求在哪里　基层工作就跟到哪里》，载《中国社会报》2020 年 8 月 13 日，第 1 版。

二、上下衔接型创新

上下衔接型是顶层设计与地方探索相互补充、相得益彰的一种创新模式。中央制定全国性的政策和战略，释放政策创新的信号，通过政策导向引导地方政府采取行动，地方政府根据大政方针，结合自身资源禀赋、问题导向、政治生态、经济水平等因素，开展区域探索和实践创新，以推动上下联动、全面发展。

通过“上下结合”的路径构建基层治理创新体系具有深远的意义。首先，“上下结合”的路径创新符合探索基层治理创新的根本方向，基层治理创新需要回应的根本问题实质上来源于社会一端的现实需求，尊重基层自治的首创精神不仅在于重构基层自治的公共空间，更重要的也是行政部门有效倾听社会现实需求，通过对于自治经验的总结提炼更好地针对辖区内的社会需求开展有效的治理行为，并且在社会情境发生变化的情况下，较为迅速地实现对于社会的回馈，最终实现社会活力与秩序的统合；其次，尊重基层自治的首创精神可以有效找回居民参与基层治理自发性、主体性与持续性，并在此过程中自发吸纳多元治理主体，如吸纳社区精英等，实现了社区共同体的重构；最后，通过“上下结合”的路径构建基层治理创新体系也可以有效防止基层治理创新的制度化安排走向零散化、碎片化、内卷化等制度失效的困境之中。

由于基层治理的事项千头万绪，有关基层治理的制度创新与制度安排呈现一种多样态和统合性的同构，如桐乡市“三治融合”中的“一约两会三团”对应着村规民约、百姓服务团、道德评判团、法律服务团以及百姓议事会、乡贤参事会，每一项都有具体的制度安排，形成了一个复杂的制度体系，复杂制度体系的建构只有来源于居民自治实践的生产，才能避免形式化的制度堆砌，即制度安排中的治理规则早已通过前期的治理行为融入居民的日常生活和身心图示之中，将制度化的治理模式内化于心。如若只是通过自上而下的路径构建基层治理创新，即使从制度逻辑的层面上行得通，应对复杂的现实也必然会形成制度难以兼容的局面，更为甚者，由于基层治理事项庞杂，行政部门生产出的制度也容易产生因协调困难而形成的制度张力，形成制度的内卷化和碎片化。[1]

典型案例，如浙江宁海“小微权力清单”、浙江宁波“一特征四清单”。

（一）浙江宁海“小微权力清单”

浙江省宁海县首创的“小微权力清单”工作机制，是基层民主监督的典型实践创新。2014年初，鉴于涉农资金与项目违法案件频发，干群关系紧张，群众信访量居高不下，宁海县针对乡村治理面临的矛盾与挑战，在县委统一部署下，组织20多个涉农部门深入农村基层第一线，广泛听取干部群众意见建议，收集和汇总了村级组织和村干部权力事项60余项。在此基础上，县纪委会同涉农职能部门和强农惠民单位，专题研究村级组织和村干部权力事项，以规范村级权力运行，优化群众办事流程为核心目标，推出“宁海县村级权力清单36条”。

“36条”主要涵盖两大核心内容：首先，是村集体民主管理方面的权力，具体涉及村级重大事项的决策权、物资与服务的采购权、微型及中小型工程招投标的管理权、大型工程招投标的管理权，以及财务开支的审批权等；其次，是村集体便民服务事项方面的权力，涵盖农村宅基地的审批权、低保与五保申请的审核权、救灾与救济款的发放权、被征地农民养老保障的办理权，以及慈善大病救助申请的审批权等。“36条”以清权、确权、配权、晒权、限权为核心，将村级组织和村干部权力纳入流程化、规范化轨道，通过“五议决策法”（村党组织提议、“两委会”商议、党员会议审议、村民代表会议决议、“两委会”实施决议）以及“村务公开”等方式，把村级决策权、执行权、监督权交到村民会议授权的村民代表手中，并就决策后如何执行、监督制定了程序化、标准化、规范化制度，便于清除越位之权、矫正错位之权、填补缺位之权，让权力回归本位。

“36条”施行后，县纪委积极发挥统筹协调作用，确保基层党政部门和村级组织全面贯彻落实，通过召开会议、深入家访、绘制漫画、编制流程图、

---

〔1〕参见李祖佩：《乡村治理领域中的“内卷化”问题省思》，载《中国农村观察》2017年第6期，第116－129页。

发放宣传册等多种形式，使“36 条”政策深入人心，确保政策精神在基层被深入理解并得到广泛传播。同时，引导全县村（社）将“36 条”纳入村民自治章程，使其成为有约束力的村内“行政法”。

在推进权力清单化在县域全覆盖的同时，宁海县政府重视学术界的理论支撑与智力支持，相继与国内高校、省市政研室开展课题研究和校地合作，2015 年成功承办第十三届中国政府创新论坛暨中国基层治理研讨会，打造面向全国基层干部的中国乡村治理培训中心，为基层治理创新搭建了学习交流平台。这一创新举措被写入 2018 年“中央一号文件”，在制度创新、机制再造层面上，推动了基层直接民主落地落实落细。

（二）浙江宁波“一特征四清单”

聚焦当前社区权责不对等、力量不充分、运转不顺畅等突出问题，多地创新实践清单式治理模式。比如，宁波市围绕社区“是什么、要什么、有什么、做什么”等问题，以社区类型为基点，以社区基本特征对每个社区进行定性分析，最为重要的是对每个社区的资源、人群及需求进行全面梳理，结合社区治理的重点与难点，整合各类治理服务资源，形成各社区分类治理“一特征四清单”，即社区基本特征、问题需求清单、社区资源清单、治理服务清单及特色服务清单，在分类的基础上构建不同类型社区治理的精细化模式。具体来说，社区基本特征从客观条件、人群特点、治理特性等维度，对每个社区进行定性分析。问题需求清单从组织建设、基础设施、社区服务、人居环境、居民参与等方面，全面厘清社区治理服务中的短板缺项及深层次问题。社区资源清单侧重梳理社区内部的空间、组织、人才、文化等基础资源，梳理五社资源、下沉资源、项目资金等发展资源，挖掘驻区单位、社区能人等共治资源，掌握社区可以调动、整合的优势资源。治理服务清单针对“问题需求清单”，分析比对满足社区需求的关键性资源，从强化组织引领度、优化设施完备度、提升服务满意度、改善环境宜居度、激发自治活力度等方面提出解决问题思路。特色项目清单根据实际情况和需求，梳理具有社区特点的小区自治项目清单、共富项目清单等“X 清单”。

为保障清单式治理的顺利施行，宁波市在全省率先探索开展城乡社区

“五定”管理体制改革，推进“定类型编码、定功能职责、定组织架构、定岗位员额、定保障机制”，重塑现代社区管理体制。一是首创社区编码。经过系统梳理、深入分析与精准对比，对城乡社区的基本特征、产业形态及核心功能进行全面考察。在此基础上，创新性地提出社区分类的新框架，将现代社区分为三种类型，即城市社区、农村社区和产业型社区。同时，为更细致地反映实际情况，将社区进一步细分为拆迁安置型社区、村改居型社区、商品房型社区、混合型社区等八种类型。这一分类旨在更好地指导城乡社区的建设与发展，提升社区治理的科学性和有效性。在全国率先探索制定“社区分类标准科学、指标构成合理、区间设置精确、指数设置全面、数据动态更新”的编码管理办法，首次提出社区规模划分标准，合理划定一般、较大、特大等3类社区。对全市740个城市社区定类型编码，实现了社区管理“一码通”。

二是明晰功能职责。为加强城乡社区治理，强化其为民、安民、便民的核心功能，明确城市社区四大类共计十七小类、六十六项的基本功能。同时，对现有的城市社区法定事项、协调配合事项以及上级交办的事项进行了全面梳理，以确保各项工作的有序进行。印发《宁波市城市社区工作事项清单指导目录》，明确城市社区工作事项清单，建立办事清单“一本账”。出台《宁波市城乡社区工作事项清单管理办法》，形成城乡社区工作事项清单的编制公布、准入审核、退出机制、动态调整和监督管理等闭环机制。

三是优化组织架构。在全省率先制定市级层面的《关于新建社区和社区规模调整的指导意见》，统一规范社区设立、调整的标准、条件和程序，对户数1500户以下或6000户以上的社区进行调整优化，从源头上夯实社区分类的基石。

四是核定岗位员额。基于社区编码类型及所承担的事项，认真核定各社区的员额数量，编制社工岗位目录，明确每个岗位的名称、具体职责以及相应的任职资格，确保社区工作的有序开展和高效运行。同时，实行专岗专配。按照每万人中有18—22人配置专职社区工作者的标准核定员额总数，实行总量控制和动态管理机制。推行清单式治理，助推分类治理落地见效。推进城市社区分类治理，重点考虑分类治理的标准、分类治理的路径、分类治理的目标及分类治理的评价，回答好“如何分类”“治理什么”“如何治理”“如何评价”等问题。

在制定清单的基础上，坚持“社区定类、问题梳理、资源排摸、分类施策”的原则，实现精准施策，推动解决基层群众面临的“急难愁盼”问题，确保各项治理措施精准有效。宁波市的清单式治理，为推进分类治理夯实基础，有效厘清不同类型社区治理脉络，为分类治理提供有效指引，努力形成可参考、可复制、可推广的治理模式。

三、自下而上型创新

自下而上型创新模式又被称作“注入式的政策试验”[1]，对于政策制定过程十分重要，推动着中国社会的发展。此类创新实践多源自基层政府为解决社会治理中的重难点问题而开展的自主创新，在基层经验和反复试验取得成效后，形成的经验成果被中央采纳，从而在同类区域或者邻近地区甚至是全国层面推广。

自下而上型创新模式采用“地方探索—中央吸纳”的方式，具有多方面优势。首先，与地方实际契合度高、适应性强，由于这种治理创新模式起源于地方实践，与当地的实际需求和发展情况匹配性强，因此其制定的政策和措施更贴近民众生活，更易于被接受和执行，利于增强政策的可持续性和稳定性，减少政策执行过程中的阻力和障碍。其次，基层探索的过程是实践检验的过程，创新措施在局部地区、基层领域的多重检验与反复调试，能够一定程度上提高创新行为的可行性及有效性，这种从实践中来、到实践中去的方式，有助于减少政策失误和资源浪费。最后，自下而上的治理创新模式更加强调群众参与和社区动员，基层政府及自治组织在探索过程中需要广泛征求民意，与民众进行沟通和协商，有较好的群众基础和群众知晓度，有助于增强政策的针对性和实效性，提高群众的获得感和满意度。基层探索的过程同时也是积累经验的过程。各地在创新实践中积累的经验和教训，可以为其

〔1〕参见王绍光：《学习机制与适应能力：中国农村合作医疗体制变迁的启示》，载《中国社会科学》2008年第6期，第111－133页。

他地区提供借鉴参考，有助于推动全国范围内的基层治理创新。

典型案例，如广西宜州村民委员会、浙江“最多跑一次”改革。

（一）广西宜州村民委员会

1980 年 2 月，广西宜山县（现为宜州区）合寨大队已经实行了包产到户，面对人民公社旧体制的瓦解，出现了基层社会管理的“真空”和一系列社会问题。在这种情况下，时任生产队长的壮族农民韦焕能把邻近的五位生产队长邀到自己家里，商议建立村民自治组织的事情。在韦焕能的启发下，大家一致认为，土地承包到户后，生产大队和生产队解体了，村民的公共事务需要村民选举产生一个村民自治组织牵头去办，这个自治组织就叫“村民委员会”，既符合村里的实际又符合村民的身份。于是，他们通知自己所在的六个生产队的村民，每户派一人开会选举村民委员会。应到 125 户，实到 85 户，从 6 个生产队各选 1 位代表。经过无记名投票，从 6 名生产队代表中差额选举产生了 5 位村民委员会成员，依得票多少确定了他们在村民委员会中的职务。其中，韦焕能得了 85 票，担任村民委员会主任。合寨村民委员会产生后，经村民讨论同意并按上手印或个人名戳，制定了“村规民约”和“禁垌公约”，在全国率先实行村民自治。2010 年 5 月，民政部确认合寨村民委员会为“中国第一个村民委员会”。2018 年 12 月，合寨村通过选举成立村民委员会的创举被评为改革开放 40 年 40 个“第一”之一，韦焕能获党中央、国务院授予的“改革先锋”称号。

（二）浙江“最多跑一次”改革

“最多跑一次”的改革理念，源于对群众和企业对政府部门办事效率和服务质量反馈的深刻反思。浙江省正是基于此，深刻认识到自身工作中的不足，从而找到了改革的着力点。2017 年以来，浙江省委、省政府以群众和企业到政府办事“最多跑一次是原则、跑多次是例外”为总目标，全面推进“最多跑一次”改革。改革充分运用“互联网 + 政务服务”和大数据技术，统一建设 1 个大数据共享交换中心，6 个数据库（个人、法人、信用、电子证照、办事材料、空间资源），3 个面向群众、企业和办事人员的接入端口（政务服务网、“浙里办”App、一窗受理平台），推动全省各级各部门自建统建系统全部接入全省中心平台，统一归集交换调用数据，以数据跑腿来代替群众跑路，有效提升了行政服务效能。2018年1月23日，中央全面深化改革领导小组召开第二次会议，审议了一个地方性的报告——《浙江省“最多跑一次”改革调研报告》，“最多跑一次”得到了充分肯定。

浙江省民政厅按照省委、省政府部署，针对民政业务条线多、相互关联度低、信息化基础薄弱、信息孤岛突出等短板问题，深入推进民政系统“最多跑一次”改革和政府数字化转型工作，将所有民政公共服务内容全部事项化、流程化、标准化、公开化、数据化、系统化、网络化，提升了民政服务水平和效率，取得显著成效。

一是建设适应数字化转型需要的统一办事规范标准。立足民政部门职能，细化各类管理服务事项，按照“能简则简、能快则快”原则，逐项规范事项名称、事项编码、审批依据、办事材料、外部流程、内部流程、办理时限、办事表单等要素，共确定全省民政系统事项168个。通过事项梳理，进一步细化明晰了政府职能，确定了办事流程和工作标准，为推进民政工作数字化转型打牢基础。

二是打通各个民政业务信息系统。按照“流程即时监测、数据实时共享”要求，浙江省厅统一建设了省社会组织管理平台、省大救助信息平台、省养老服务信息管理系统、省婚姻登记管理信息系统、省民政厅殡葬管理信息系统、省区划地名信息管理系统、省民政厅儿童（留守儿童）信息管理系统、省社会工作登记服务管理信息系统八大民政业务办理系统。各系统之间通过内部数据共享交换中心实时相互推送数据，实现了民政工作各业务数据的实时共享。

三是贯通省市县乡村民政工作。立足全省民政工作，统筹建设在全省范围应用的省级信息系统。系统建设注重整合拓展省、市、县原有系统功能，充分吸纳已有成熟做法，进一步拓展流转办理和统计分析等功能，并按照改革中统一梳理的事项标准进行规范。加大系统推广应用力度，充分发挥省建系统数据全、功能优的优点，让市县愿用、乐用。

四是联通政府统一服务平台。各个民政信息系统与浙江政务服务网、“浙里办”App、“政务钉钉”和各地“一窗受理平台”等全面对接，民政部门能够及时接收办理群众通过各个政府平台申办的事项。通过省政府数据管理中心，民政数据与全省各地各部门数据实现了跨地区跨部门调用共享。针对涉及多部门办理事项较难实现“最多跑一次”问题，开发了社会组织事项联办平台，衢州、台州和温岭等市县作为试点应用地区，已经实现与业务主管单位线上联办，解决群众在部门间跑多次或者干部代跑的问题。

五是建设统一的办公系统。按照“全系统一个大平台”理念，统筹整合民政业务系统与综合办公系统。升级改造原有民政信息登录平台，统筹整合各业务平台、OA办公自动化平台、“最多跑一次”事项流程监控平台、“政务钉钉”交流联络平台等，实现了民政核心业务大数据服务全覆盖，推进“移动办公”“掌上办公”。重点建设综合查询、统计分析、决策支持等数据模块，开发手机端决策分析系统，方便领导干部与各业务条线工作人员随时查询业务数据及相关报表，为科学决策、科学管理提供有力支撑。

“最多跑一次”不只限于减少群众和企业办事的频次，实质上是倒逼各级政府各部门进行自我改革，推动权力的精简、下放和规范治理，通过服务、政策、制度、环境等多个方面的优化，全面提升政府供给的质量和效率。其集中体现了政府聚焦核心业务、确保服务到位的管理理念，是供给侧结构性改革中一项重要的制度性创新。

第三节　基层治理创新的影响因素

基层治理创新实践是一项复杂的系统工程，囊括复杂的央地关系、多样的府际关系和动态的社会关系，也离不开上级领导、本地干部、人民群众、专家学者、媒体等多领域群体的共同参与和助力支持，每一种因素都对改革创新产生或多或少的影响，改革创新又需要每一种因素的协同配合和有机统一。毋庸置疑，基层治理创新是不同层次、不同领域、不同界面的因素碰撞反应的结果，包括内外因素、上下因素等多种因子在长期的治理过程中反复磨合、协调互动、有机结合，共同创造基层治理创新的实践价值和理论价值。

一、综合性影响因素

从内外两方面看，内生因素从落实创新项目的组织机构及成员特征而言，包括组织内部环境、政府间横向竞争压力、利益集团的团体压力、政府适应性学习、领导个人偏好、政绩诉求、创新发起者的个人声望和社会网络等，是基层治理创新最初发生和持续发展的重要驱动力。外生因素指的是与创新息息相关的外部社会政治环境，包括基层资源禀赋、组织外部环境、行政文化建设、创新的所有权、社会群体需求、基层环境变化等，外部环境勾勒出地方创新的优势和劣势，而地方特定的环境土壤对创新行为的需要又创造出创新行为的必然性。

从上下级关系看，上级因素主要指中央政府和上级政府的政策导向和创新理念，决定着创新的基本方向和基本形式，其次是上级部门的肯定嘉奖和相关的政策支持、财力支持、技术支持、活动支持等，包括中央政府的授权、省部级单位的肯定、地方政府的默许等，上级政府和部门对于创新行为的态度动态影响着基层政府从事创新的努力程度和强度。下级因素则是指促使创新产生并持续扩展的社会基础，包括专家团队、舆论媒体、市场主体、企事业单位、社会组织、社工团体等层面的支持拥护。这些因素之间是互相影响、相互制约、互为因果的，它们不仅作用于创新本身，而且对创新结果能否长久施效起到决定性作用。

综观以上诸多因素可知，如图 3－1 所示，成功的创新案例离不开两股力量的推动，一种是以上级为中心的自下而上的向上拉动的力量，体现的是科层制内部向上负责的行政逻辑，包括获得上级肯定、群众干部拥护；另一种是以人民为中心的自上而下的向下汲取的力量，包括民众认可、智库支持、媒体宣传，呈现治理体系中以人民为中心的政治逻辑。这两股力量缺一不可，都对基层治理创新起到促生作用，并影响着创新项目的可持续运转。分析这些促生基层治理创新项目发生并实现可持续运转的结构性影响因素，对于理解和认识基层治理创新无疑具有重要的参考价值。

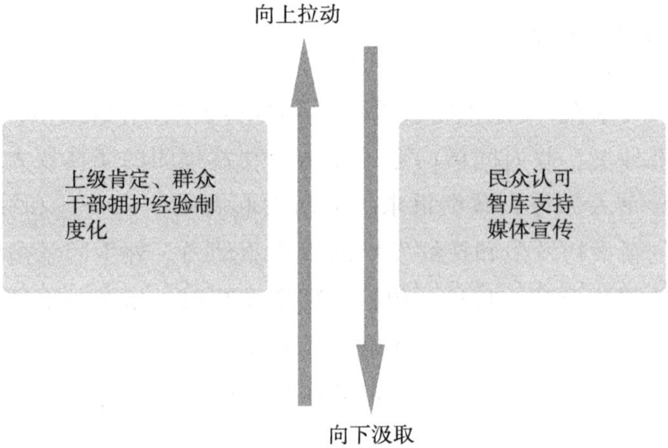

图 3-1　基层治理创新的影响因素

二、向上提升的力量

具体来说，向上推升的力量主要囊括获得上级领导的注意力分配、得到群众干部支持拥护、创新实践可被制度吸纳等方面的因素。

（一）获得上级支持

上级的肯定和支持是启动基层创新项目的关键因素，这就要求创新项目总体上要符合组织愿景的构建，并具有较好的创新资源禀赋，获得上级政府或部门的关注，继而得到中央、地方等不同层级的政策支持、资源支持、信息支持等。下级单位常常主动采取行动积极落实上级政府的指令要求，希冀以创新经验为支点，得到更多的上级关注以及配套资源、优惠政策等，通过整体撬动基层治理体系和治理能力的提高，将地方工作打造成亮点工程。在重视高质量发展的时代背景下，创新蕴含的潜在绩效和持续性发展，为官员的职务晋升创造了新的可能，创新从而成为基层政府工作的动力，也是影响基层治理创新运行和发展的关键。

上级领导的注意力分配，与官员绩效考核紧密相关。改革开放后，经济建设成为党和国家发展的主要任务，逐渐衍生出以经济绩效为标准、以地区生产总值的多少为主要衡量目标的干部政绩观，经济绩效在官员政绩考核中的导向性作用明显增强，发挥着正向激励的作用。这就意味着，经济发展事务处理得当的官员，相较经济能力一般的官员，在政治体制中获得更多的权威和晋升渠道。

随着经济社会的全面发展和社会主要矛盾的历史性转变，进入新时代后，官员的政绩考核机制发生深刻调整，民生保障、社会治理、环境保护、能源利用等领域的考核比重明显增加。中共中央组织部于 2013 年 12 月印发《关于改进地方党政领导班子和领导干部政绩考核工作的通知》，提出官员考核不再“唯地区生产总值论”，打破相对封闭、相对固化的考核结构，将更多与社会民生、环境保护和秩序安定相关的考核指标纳入，更加注重民生保障任务的完成度、群众的参与度和满意度，以“民之所好好之，民之所恶恶之”为内在导向，持续彰显以人民为中心的政绩观。官员考核与经济绩效的关联度持续弱化，2020 年 10 月，《中共中央组织部关于改进推动高质量发展的政绩考核的通知》强调要“增强政绩考核群众参与度”“在政绩考核中充分反映群众感受、体现群众评价”，要求进一步改进领导干部政绩考核体系，进一步把人民群众的获得感、幸福感、安全感作为评判领导干部工作成绩的重要标准。

政绩考核机制的弹性调整，对地方政府和基层政府的工作方向产生影响。地方政府和基层政府在纵向的科层制体系中被赋予更多社会治理、公共服务、信访维稳和安全保障的责任。在新时代新阶段，公共服务和社会治理领域的创新实践，相较行政改革和经济改革的创新项目，敏感性和风险性更小，顺其自然地得到地方领导干部的青睐，基层社会治理方面的创新项目因而获得更多关注。

（二）干部群众拥护

在创新项目启动并得以实施的过程中，上级政府或官员的注意力分配固然重要，但创新项目的具体运作和实施依靠基层的干部和群众，依赖所有参与人员的实际执行。创新实践的具体运作过程、采用的策略、相关参与者的协作与互动等组织因素，都会作为影响因子对治理创新的成效发生作用，影响着基层治理创新的改革方向和深入程度，影响着革新的质量和创新的效能。

从创新经验来看，基层政府及其领导人时常是创新项目的首要推动者，基层领导之所以推动创新项目真正落地，一方面，出于上级政府或上级部门的行政压力；另一方面，为了解决社会发展中遇到的实际问题，从而在有限的任职工作期间取得令人满意的项目绩效和较为突出的个人的工作业绩。干部群众拥护也是综合因素助推的结果，既是威权制行政文化影响下的行为模式选择，也是消除潜在社会隐患、获得基层社会和谐安定的一种方式，更是凸显个人能力、提升自我价值的重要途径。

（三）经验的制度化

对于社会治理领域而言，创新经验能被纳入政策文件及法律法规，对于创新实践的推进具有重要的正向激励作用。制度化意味着创新实践有明确的内容指向、得到了各级政府及有关参与者的认可并获得了可持续的和广泛的应用，已经融入现有的体制机制和组织体系中，能够经历反复的实践获得合法性，且不因地域特征、文化差异、创新主体等因素的变化而转移。

换言之，创新得以制度化的关键不在于个别领导干部的注意力分配，而更多的是以民众满意度、环境契合度、创新成效为根本标尺。一项高质量的创新项目必须经过制度化才能避免“烟花”效应、破除“孤岛”现象，而制度化又是一个重复实验、反复推敲的细致过程，要经历种种考验，就必须在创新目标设立和创新实践的过程中始终坚持人民至上、深入民心、造福人民，从而更好地保证治理创新的成效和方向。一定程度上，治理的创新行为获得制度价值，是推动创新从上级导向或个人意志上升为集体行为选择的重要力量，也是将地方探索和典型案例与现有制度和相应组织目标有机嵌入的有力推手。

向上拉动的力量促生着创新行为的发生和内在成长，在基层治理创新中发挥着重要作用，同时，以人民为中心的向下汲取的力量决定着创新的普及层面和可持续性，在基层治理创新过程中同样不可替代。

三、向下汲取的力量

向下汲取的力量呈现出基层治理创新要以满足群众需求为根本原则，以回应群众关切为首要任务，把人民群众的满意度作为最高衡量标准的基本要求。主要包括基层群众认可、智库智力支持、新闻媒体宣传等诸多因素。

（一）基层群众的广泛认可

基层是最贴近人民群众的地方，是国家治理的最末端，也是社会矛盾和社会纠纷错综会聚的第一线，既是国家治理的“最后一公里”，也是人民群众感知公共服务效能和温度的“神经末梢”。随着我国社会的主要矛盾转化为人民日益增长的美好生活需要和不平衡不充分的发展之间的矛盾，基层治理创新就要以更好地满足人民日益增长的美好生活需要为靶向，以为人民谋幸福为根本任务，聚焦群众急难愁盼问题，积极回应人民群众的诉求和期盼。如果一项基层治理创新活动忽视了群众需要和民众诉求，脱离了“为了群众，相信群众，依靠群众，引领群众”的根本，这样的创新就是“伪创新”，对于掌握民众所需、解决民众之忧、破解民众之难毫无益处，甚至耗费了基层有限的物质资源和合法性资源。

基层治理创新，应立足民众需要，基于实际的资源禀赋和组织条件，在做好日常治理工作的基础上，“小事不小看，小事当作大事办”，紧贴实际创新为民措施、提升服务方法、优化治理策略、提高治理效能，以更好地回应民众期盼、办好群众的小事、烦事、心头事，让人民群众拥有更多获得感、幸福感和安全感。概言之，只有将政府的治理需求与群众的内在需要有机结合起来，并在创新过程中始终以人民的需要为第一任务、把人民的利益放在第一位置、将人民的呼声当作第一信号，才能保持稳定的制度惯性，获得人民群众的拥护，形成较为长久旺盛的社会生命力和影响力。

（二）专家智库的支持倡导

在创新驱动国家发展的时代大背景下，智库的关注和研究发挥着不容忽视的作用。这些智库包括官方智库、高校智库和学术研究机构等，它们以其独特的优势，肩负着把握基层治理的改革方向、实现基层治理相关理论思想和知识生产、为基层治理问题提供建设性解决方案的重任，一方面，推动党和国家的重要政策方针在基层落地生根，使政策制定、程序设置、意见反馈等更高效顺畅地衔接，避免政府单方面决策的片面性和封闭性；另一方面，为党政机关判断基层治理的发展形势和出台相关决策提供智力支持，并对创新项目的扩散起到了有效的宣传作用。

高校智库凭借学术资源丰富、人才众多、学科齐全、实践基础广、学术积淀深厚等优势，在基层社会治理创新中日益受到重视。可以说，高校智库的有效参与，能够为基层治理创新提供新的实践支撑、理论基础和发展契机。高校智库作为政府部门的“外脑”，可以针对基层社会治理的难题，组织社会各界交流，宣传党和国家政策，帮助群众了解大政方针，协调不同利益群体。通过参与政府公共政策的制定，高校智库能够提高政策质量和执行效率，减少磨合或试错成本，提升治理效能。

高校智库组织的各类创新奖项也是激励治理创新、推动政策交流的重要媒介。譬如，众所周知的“中国地方政府创新奖”，由中央编译局比较政治与经济研究中心、中央党校世界政党比较研究中心和北京大学中国政府创新研究中心于2000年联合发起，以非营利性、独立性、公正性和透明性为原则，根据创新程度、参与程度、效益程度等，组织专家学者对全国各地的地方政府创新项目进行评选。“中国地方政府创新奖”涵盖政治、行政、公共服务和社会管理四大领域创新，旨在发掘并推广地方治理创新实践，激发党政机关和社会团体参与改革创新，推动公共服务、公共行政等关键领域的建设和发展。2015年，“中国地方政府创新奖”更名为“中国政府创新最佳实践”，侧面折射出地方创新发展方向的转变。通过该奖项，有助于整体了解地方政府推进治理创新的基本情况、地方差异、区域分布、影响因素及可持续发展，总结各地治理创新的普遍性特征，提炼地方政府自我推进型治理创新的适应性创新路径。

智库的加盟为提升基层治理能力、创新和加强社会治理提供了新智慧和新动能。在社会治理创新成果最为丰硕的浙江省，浙江大学和其他学术机构的广泛加盟推动了创新项目的挖掘和理论价值的提炼。2019年，浙江大学社会治理研究院以县域为单位，首创中国县域社会治理指数模型，通过构建模型、确定样本、数据收集、数据处理、指数测评与合成等程序，每年评选出“中国社会治理百强县（市、区）”并发布《中国社会治理百强县（市、区）

报告》，致力于加强和创新社会治理，了解县域社会在经济社会转型中的最新动向和实践策略。

除了高校的智力支持，学术机构也纷纷加入社会治理优秀案例的评选工作，为社会治理创新提出了更为翔实清晰的发展路线图。《小康》杂志社联合清华大学社会治理与发展研究院、北京大学中国社会科学调查中心及其他战略合作伙伴共同公布的“2017 年度中国十大社会治理创新”奖、“2018 年度中国十大社会治理创新”奖、“2019 年度中国十大社会治理创新”奖、“2020 年度中国十大社会治理创新典范”奖、“2021 年度中国十大社会治理创新典型”和“社会治理百佳示范县市”、“2022 年度县域社会治理经典案例”，每年一届，邀请学术界、经济界、各级政府部门、企业界及文化科技界等多领域的精英共同参与，汇总各县（市、区）创新发展探索中的好做法、好机制、好经验，旨在为社会各界把握中国经济与社会发展趋势、探寻社会发展模式、树立地区形象提供交流展示的新平台。

（三）新闻媒体的宣传报道

创新项目的推广，离不开媒体的宣传报道。当今社会已经进入信息社会时代，随着全媒体融合深入推进，各式各样的媒体在社会治理中的角色更加突出，发挥着不可替代的作用。不同的媒体依自身独特的宣传内容、报道力度、传播渠道和传递时效，向社会大众呈现具有差异性的信息，影响着信息在社会层面的被关注程度，掌握着关注力分配的主动权。对于基层治理创新项目而言，媒体的宣传报道表明了社会各界对创新项目的关注，通过广泛宣传，基层社会的创新能够在更高层次和更广阔的领域获得持久的注意力和影响力，对创新行为的制度化和可持续产生正面宣传的激励作用。尤其是《人民日报》、新华社等中央媒体的宣传报道，体现着党和国家的意志，使创新行为额外得到一种政治合法性的认定，对于地方创新实践具有重要的推动作用。

媒体报道基层治理领域的创新实践也是抓取多方主体注意力资源的过程，

获得了更多组织注意力分配的任务更有可能被优先考虑、取得相应的资源。[1] 媒体的关注可以形成一定的舆论场域，扩大创新实践的影响范围，使其成为该领域的先行者和开拓者，打造品牌的同时，媒体多渠道、多介质的报道能够加深其他地区对该项创新项目的理解，对创新扩散起到积极的促进作用。渐次，基层政府可以利用全媒体融合的改革契机，打造“媒体 + 治理”的服务新模式，媒体可以通过拓展新公共领域、创建民意表达和政府回应机制、拓宽群众诉求表达渠道、搭建多样化治理平台、整合汇聚各方资源等渠道提高社会治理效能，提升公众对于创新内容的认识和理解，更好地拓展创新内容，丰富创新形式。

此外，在新媒体迅猛发展、舆论信息爆炸的时代背景下，传统媒体占据着信息传递和舆论监督的主阵地，在表达民心民意、发挥舆论监督和服务人民群众等方面发挥重要作用；新媒体和自媒体凭借多样的传播形式、较快的传播速度、较高的原创性和较高的覆盖性，日渐成为公众舆论形成和发展的新平台。当前，多种媒体形式交互作用、相互配合、互相补充，传统媒体在融合发展中焕发出新的活力，既有的时间和空间局限性被打破，同时规避了自媒体潜在的舆论陷阱，能够利用多种渠道为创新项目的落地执行和可持续推进起到激励作用和舆论监督作用，有助于引导创新实践并获得民众的认可。

---

〔1〕 参见赖诗攀：《强激励效应扩张：科层组织注意力分配与中国城市市政支出的“上下”竞争（1999—2010）》，载《公共行政评论》2020 年第 1 期，第 43 - 62 页。

第四章　基层治理创新的动力机制与主要领域

深化改革的关键在于创新，开展社会治理创新是推进我国国家治理体系建设的重要手段，是打造共建共治共享的社会治理格局的必由之路，也是创造“中国之治”的关键基石。本章将对基层治理创新的动力机制、创新路径、主要领域展开论述，试图展现基层治理领域的动力源泉和丰富图景，从基层视角理解创新实践的必要性与发展基础。

第一节　基层治理创新的动力机制

基层社会治理的创新离不开多层次的动力机制的驱动，具体可分为四种类别——根本动力、直接动力、间接动力和主观动力，根本动力彰显于政府的宏观目标、价值体系和社会需求之中，直接动力源于行政体制内部，包括权力结构、激励机制和目标机制三重维度，间接动力机制指的行政体制之外以技术性、规范性要素创造的客观环境，主观动力机制是行动主体的内源性驱动力。以下将通过剖析基层社会治理的初始动因和持续性保障机制，着重对治理创新的动力机制进行分析。

一、根本动力机制

作为创新之本源，根本动力机制奠定治理创新之基石，其层次之深、维度之高，无出其右。对于地方政府而言，创新在一定程度上也是行政工具，有助于构建其组织合法性基础，包括意识形态合法性、程序合法性以及绩效合法性等多重维度。[1] 从国家治理的层面，社会治理创新利于提升国家治理的有效性，降低公共服务提供与公共组织运行成本，从而优化服务品质，增强合法性。

具体来说，这种合法性的构建逻辑彰显于政府的宏观目标、宏观价值和社会的宏观需求之中。社会治理领域的宏观目标最早在党的十八届三中全会的报告中提出，创新社会治理体制、改进社会治理方式，探索治理体制与治理方式本身成为我国早期的根本创新动机所在。党的十九大报告提出要“形成有效的社会治理、良好的社会秩序”的价值目标，明确把新时代社会治理提升到更高水平的具体要求。党的十九届四中全会将国家治理体系和治理能力现代化列为“全党的一项重大战略任务”，而且将社会治理界定为“国家治理的重要方面”，并着重提出要“构建基层社会治理新格局”。

除了宏观层面的目标引领，自下而上的民意诉求也是推动基层治理创新的动力源泉。随着社会的快速转型，社会诉求呈现出多元、多变的特点，社会结构阶层化、利益关系市场化[2]以及少数地区治理结构的错配失调，充斥于社会治理转型的过程中，也成为驱动我国政府改革和创新的客观动力。基层政府必须顺应新形势，回应新需求，瞄准具体问题，精准靶向发力，更好地服务人民群众，实现社会的可持续发展。

二、直接动力机制

直接动力机制是指政府体制内部的动力机制，具体表现为组织的制度和结构，包括权力结构、激励机制和目标机制，权力结构是体制机制发挥作用的重要基础，激励机制影响了驱动力的强度，目标机制作用于驱动力的方向。

（一）权力结构

我国国家体制的基础特征是一统体制[3]，其权力特征表现为科层化的压

---

〔1〕 参见赵鼎新：《国家合法性和国家社会关系》，载《学术月刊》2016 年第 8 期，第 166 – 178 页。

〔2〕 参见李路路：《社会结构阶层化和利益关系市场化——中国社会管理面临的新挑战》，载《社会学研究》2012 年第 2 期，第 1 – 19 页。

〔3〕 参见周雪光：《中国国家治理的制度逻辑——一个组织学研究》，生活·读书·新知三联书店 2018 年版，第 29 页。

力型结构。在此结构中，权力总体上集中在上层，并在自上而下的“层层加码”过程中不断被放大，并沿着科层结构向下顺延。科层结构的基础是以条块结合为特征的行政体系。纵向上看，它是“中央—地方—基层”三级分层块状结构；横向上看，又是地方自成一体的“块部门”和上下联结的“条部门”相互嵌套的条块混合体。中央的权力以行政命令的方式，自上而下地被沿着各条块的脉络，逐级地传递给基层，并最终在基层又重新汇聚成一体，“上面千条线，下面一根针”便是对此结构的一种形象概括。各级政府在各种压力的驱动下有效运转，自上而下的行政命令是核心的任务安排。[1]

从权力的类型划分和责任分配上，我们能更清晰地透视这种压力型权力结构。周雪光、练宏将政府内部的控制权划分为了三个维度，分别是目标设定权、检查验收权和激励分配权。[2] 在“中央—地方—基层”的框架下，上级政府往往拥有对下级政府的目标设定权和检查验收权，具体的激励分配权交由下级政府自行操作，以实现自上而下设定的行政目标。由此，总体的权力关系上，形成了“上多下少”的结构关系，这也是压力型体制构建的重要权力特征。但真正造成压力下沉的关键，还是隐藏在这一权力分析框架下的行政责任分配关系。与分权的“漏斗形”结构不同，责任的分配是“金字塔”形，在目标设定和强力的考核压力下，责任被层层传导到基层单位，“权小事多”“人少责任大”成为基层政府治理困局的制度性特征。

创新，作为推动国家治理体系和治理能力现代化的关键一环，亦是自上而下地借助压力型体制结构辐射到各级地方政府。从一定角度来看，行政体制的宏观安排、上级政府的重要关切以及政治精英的战略构想，深刻影响着基层治理创新的发展方向，并在创新实践的持续性和推广性层面施加重要影响。

---

〔1〕 参见杨雪冬：《压力型体制：一个概念的简明史》，载《社会科学》2012年第11期，第4－12页。

〔2〕 参见周雪光、练宏：《中国政府的治理模式：一个“控制权”理论》，载《社会学研究》2012年第5期，第69－93页。

（二）激励机制

激励机制是影响创新动力的直接因素。我国政府体制最具特色的激励设计便是“晋升锦标赛”模式[1]，它以政绩考核为核心，是上级动员、引导下级政府工作方向的重要工具。[2] 改革开放以来，以经济指标为主要政绩考核的锦标赛促进了各地围绕地区生产总值的激烈竞争，但在国家治理转型的宏观背景下，原有的硬性考核已难以识别出显著的差异性，多元政绩竞赛的模式也由此产生。[3] 竞赛转战至一些新领域，创新成为各地获取相对竞争优势而加入的新赛道。[4]

创新作为被赋予诸多正面价值的词汇，是各级政府实现并凸显自身价值的重要工具。地方官员普遍将创新实践视为获取行政绩效的手段，通过辖区内公共品产出的增加，或社会福祉的提高，获得上级关注，进而获得政策倾斜、财政补助或行政资源。

然而，与经济指标的清晰量化评价不同，创新绩效在考核中面临着缺乏考核指标的困境。各地对于创新的考核往往是以行动本身为依据的过程性考核，而不是以具体发展指标为导向的结果性考核。[5]

（三）目标机制

目标机制与激励机制相辅相成，是对宏观治理目标的具体细化，供各级政府具体开展实践工作，引导创新的正确方向。因而，目标机制可以被分成宏观目标、中观目标和微观目标三部分。

---

〔1〕参见周黎安：《中国地方官员的晋升锦标赛模式研究》，载《经济研究》2007 年第 7 期，第 36－50 页。

〔2〕参见陈家喜、汪永成：《政绩驱动：地方政府创新的动力分析》，载《政治学研究》2013 年第 4 期，第 50－56 页。

〔3〕参见陈科霖、谷志军：《多元政绩竞赛：中国地方官员晋升的新解释》，载《政治学研究》2022 年第 1 期，第 117－128 页。

〔4〕参见何艳玲、李妮：《为创新而竞争：一种新的地方政府竞争机制》，载《武汉大学学报》（哲学社会科学版）2017 年第 1 期，第 87－96 页。

〔5〕参见练宏：《注意力竞争——基于参与观察与多案例的组织学分析》，载《社会学研究》2016 年第 4 期，第 1－26 页。

宏观层面，党和国家的顶层战略设计以及政策文件中的目标设定，为治理创新指明了总体方向，释放出强有力的改革信号。各级政府机构结合自身实际，探索社会治理的新路径、新方法。这是对组织根本合法性风险的回应，也是对组织基本发展目标的确立。

中观目标的设定往往受到宏观目标与具体实践的影响，二者共同融于社会治理的创新实践中。随着创新实践的开展，地方政府会将宏观目标进行细化，并与地方实际问题相结合，以不断提高创新实践的成效。可以说，中观目标机制是一个建立在上下紧密互动的信息沟通基础上的，激励制度与行政权力的方向设定机制。它需要自上而下的制度制定，也依赖于自下而上的经验反馈。

微观目标亦是包括两方面来源，一方面是中观目标的指引，另一方面则是社会层面的需求。在压力型体制的权力结构下，基层不存在修正行政目标的权力，更多的是在中观目标的范畴内，兼顾上层设计与实际诉求。一旦发现中观目标同社会需求的差距过大，微观目标会发生调整，具有普遍性的问题也会借助沟通机制进行研讨，这就为微观目标修正成为中观目标乃至宏观目标创造了可能。

以上海浦东新区为例，上海市委在2014年将“创新社会治理、加强基层建设”设置为“一号课题”，开启了全市范围内的调研。同时，基于“一号课题”的探索，上海市委于2015年出台基层社会治理“1+6”文件，进一步指导治理类创新实践的开展。浦东新区作为示范区，创新数量快速增长，质量稳步提升。区级部门和镇政府、街道办事处开展多样化创新活动，基层治理持续强化。激励机制方面，浦东新区在2015年出台了“1+24”文件，其中包含《浦东新区街镇考核工作方案》，它将各领域的行政目标划分为基本指标、重点工作指标、制约性指标和鼓励性指标等四类指标，从多个方面强调了创新过程的绩效，弱化了结果绩效。新时代，浦东新区紧随上级政策的变化，周期性地调整了具体目标，在2021年的《浦东新区精细化城市管理“十四五”规划》中，其除了“1+4+2”的总体目标，还设立了打造智慧名片、美丽名片、绿色名片和精致名片等具体指标，同时针对具体指标细化到了三级共计51条的主要任务。可以说，在目标机制同激励机制的结合方面，浦东新区提供了好的样板，但不可避免地存在设定周期长、短期引导不足的问题。[1]

三、间接动力机制

间接动力机制是指政府体制之外的其他创新要素创造的客观环境，如治理创新所需的制度范式、科学技术和环境要素，总体上是一种工具性的驱动力。

（一）制度变迁驱动型

制度技术的创新，即政府对于其他组织在制度设计与组织规划方面的经验汲取，包括经济组织扁平化、分散化的组织结构，以及项目制等典型经济组织常用的组织管理模式，成为社会治理领域创新实践的有益参考。

扁平化的组织结构便是从经济组织的体制结构中借鉴而来的先进经验之一，从佛山顺德的大部制改革开始，各地基层政府对基层权力的再分配展开探索，部分成功经验得到了扩散。以湖南省新邵县为例，其根据中央和省里的机构改革要求，按照“精简、统一、效能”和“小政府、大服务”的原则，参考了其他省市的创新经验，对全县乡镇机构进行了重新设置，共设10个部门，采用“6+1+3”的模式。[2] 同时，在全县范围内推动“片线结合”的人事配置，打散了原有的人事编制与岗位安排，实现了“编随事走，人随编走”的混编模式。除领导岗位、专业性较强的岗位，其余工作人员都可以在基层工作、重点工作和科层工作之间自由选择，实现了干部和工作事项的有机结合。同时，在“片线结合”中，领导和干部之间双向选择，而不是“人随编走”，化解了“跟谁一起干活”的问题，提高了领导和干部之间的合作系数。“片线结合”是典型以具体事项为基础对人员进行配置的制度安排，实现了政府基层组织的扁平化和高效化，大幅提升了政府运行效能。

---

〔1〕参见冯猛：《地方政府创新何以持续？——以浦东新区基层社会治理变迁为线索》，载《中国行政管理》2019年第7期，第101－106页。

〔2〕参见杨华：《“不变体制变机制”：基层治理中的机制创新与体制活力——以新邵县酿溪镇“片线结合”为例》，载《公共管理与政策评论》2022年第1期，第55－71页。

（二）技术创新驱动型

信息技术的革新对于基层治理创新的影响是巨大的。近年来，从“互联网+”到“大数据”、从“区块链”到“智慧城市”，信息技术革命的成果成为政府创新的重要工具，“线上行政”也成了我国政府创新的主要领域之一。浙江省是技术领域成果较为丰富的省份，很大程度上源于该区强大的社会面技术力量的支持。除了我们熟知的阿里云支持的杭州“城市大脑”项目，衢州市的“衢州通”项目也是典型的技术驱动型创新实践。

2013 年，浙江省衢州市龙游县东华街道张王村为革除“村务公开难”“信息不对称”等长期积弊，在街道下派村支书的领导下，利用企业的技术支持，搭建了早期的互联网 e 平台，并于 2016 年 6 月正式上线为“村情通”平台。平台囊括了公示、举报和通知三大功能，大幅提升了村民监督村务、参与村治的效率。2018 年，该经验被县委政法委发现，并在全县推广，为了适应县级层面的政务需要，借助县级技术力量又开发了“社情通”“企情通”，最后“三通合一”，优化升级为了“龙游通”。“龙游通”覆盖全县所有行政村、社区和工业园区，很快便成了老百姓“能够用、喜欢用”的服务平台。2019 年，为了实现全域系统的打通，衢州市推出了全域通用的“衢州通”，将域内所有系统接口纳入统一的端口管理。三年时间，从一个村到全市区域覆盖运行，衢州对于技术的利用充分展现了技术创新对于社会治理的赋能增效。

（三）创新要素驱动型

创新要素的客观增长，主要指社会力量的壮大及人力资源要素的提升。这是基层政府开展创新所需的重要资源，也是创新活动能否发挥效力的客观基础。创新所需的要素包括资源型、技术型两方面，技术要素随着制度变迁和技术创新而发生变革，资源要素有赖于地方社会的发展。在社会治理领域，最常见的资源型要素的增长是辖区内各类社会组织的萌发，以及由此带来的资本助力、物资助力、技术助力和人力助力。

合作治理的模式便是在创新要素的积累下逐渐形成的。早在 2007 年，作为我国社工机构发育最早地区之一的深圳便出现了“社工+义工”的联动社区治理模式。当年，深圳涌现出15家民间社工机构，开发了618个社工岗位开展社工服务试点，其中各区的民政、残联、司法、教育、社区领域423个，市级的民政、妇女儿童、青少年、劳务工、医院、禁毒、人民调解、计划生育、信访等领域195个。[1] 这是社工机构借社工制度试点的契机，同地方政府探索出的一种合作模式，也是社会力量发育后治理需求增长的重要表现。一定程度解释了为何合作治理模式在不同区域的发展差异较大的问题，可以说，社会力量的培育在社会治理中起着不可忽视的作用，为当地创新实践的开展提供了先决条件。

四、主观动力机制

主观动力机制是指创新行动主体个体所持的内源性的驱动力，在社会治理领域，主要的创新主体是各级政府，虽然有学者指出了政府内部分层带来的创新动力差异，但地方政府创新的主观动力基本一致，即政治精英的主观“战略构想”。主观动力机制是一种个体化视角的分析，强调政治精英的作用影响，尤其是“一把手”出于理性选择及对政绩的追求开展了创新实践。[2]

主观动力机制源于行动主体对创新活动的个体性认知，而这种认知又形塑了行动主体后续的具体行动。同时，个体对于具体情境的分析和感知也会影响他们的创新选择，因而即使是同样的动力驱动下，个人依然会生产出差异化的决策论断，这便是微观层面创新差异化的直接因素。需要强调的是，主观认识在很大程度上也会与主体的自我利益相挂钩，比如，创新主体的价值观念、政治抱负等，将影响创新行为的广度、深度和效度。

在2010年，在时任县委书记和组织部长的坚定推动下，横峰县实施了“差额试岗”的选拔机制。对于待选的空缺岗位，在正式任命前，选拔出两位候选人，并安排他们同时试用半年。试用期满后，经过考核和评估，择优留

---

〔1〕参见董秀：《深圳市“社工+义工”联动参与社区治理的思考》，载《武汉大学学报》（哲学社会科学版）2009年第3期，第378-381页。

〔2〕参见陈家喜、汪永成：《政绩驱动：地方政府创新的动力分析》，载《政治学研究》2013年第4期，第50-56页。

下一位。然而，在2011年，新任领导对“差额试岗”制度产生了深深的忧虑。认为该措施难以对候选人进行全面深入的考察；同时，由于候选人分管的工作各有侧重，难以进行直接比较。鉴于此，横峰县的“差额试岗”制度在实施一年后，便销声匿迹。

同样，在四川省巴中市于2006年开展地方党委“减副”创新时，也曾有短暂的辉煌。在时任巴中市委书记的决策下，该市各乡镇仅保留一名党委副书记兼任行政主官，不设专职副书记。五年后，随着该市委书记调任其他部门，各级乡镇党委在换届工作中又恢复了专职副书记的设置。

总体而言，基层治理创新的四重动力机制彼此联系，并构成了一体运作的完整体系。在这种体系中，动力机制被分为三个层次，分别是顶层的根本动力机制，中间层的直接动力机制和间接动力机制，以及最底层的主观动力机制。这是一个基于宏观价值—微观实践的完整创新过程的分析框架，四个机制作为一个整体共同发挥作用，同时彼此间也存在或强或弱的影响和形塑关系。

基层治理创新动力体系的结构如图4－1所示。

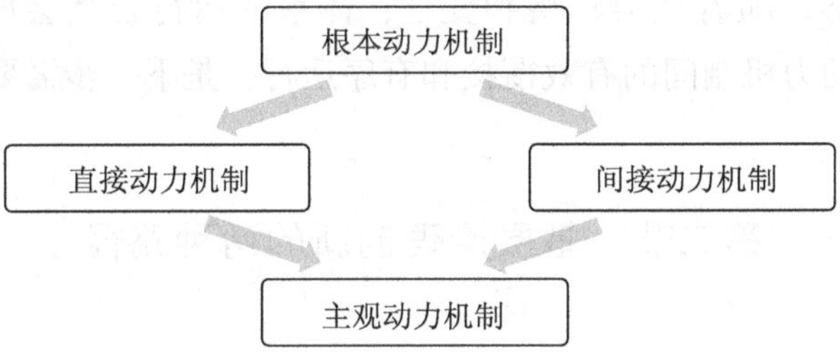

图4－1　基层治理创新动力体系的结构

在这套动力体系中，根本动力机制是最原初的驱动力，是一切创新活动的原动力，它以民意的形式，直接影响基层的创新决策。这也是大多数创新活动中最完整的动力解释，其构成了对政府多元合法性的直接回应。具体表现为，基层政府官员对社会诉求的直接回应，以及由此产生开展的创新活动。主观动力机制与根本动力机制的匹配性强弱直接影响到创新的最终效果，成功的创新实践离不开地方官员对社会诉求的充分掌握、精准的问题识别和科学的谋划布局。创新的客观风险和资源要求的限制，使得个人主观上可能意识到改革创新的紧迫性，但出于客观条件的约束而无法落实。

由此，中层的两重动力机制的存在便极为重要了，分别从两条路径传导并增强了根本动力机制的驱动力。直接动力机制是根本动力机制的放大器，借助权力结构和激励机制，将根本动力的驱动效应进行了增强，并传导至主观动力机制，影响到基层官员的能动性发挥。需要注意的是，直接动力机制中的目标机制发挥着重要作用，它将根本动力机制具体化为创新行动者更易理解和接受的内容，提高了落实落地的可能性。间接动力机制是根本动力机制的助推器，它并不直接放大根本动力机制本身，而是削弱根本动力机制发挥作用的外部阻力，为主观动力机制开展创新提供更为适宜的环境。间接动力机制包含了外部的制度变迁、技术革新和要素增长，提升了创新可能性，降低了试错成本。如区块链技术的出现，便是降低了数字货币潜在的造假风险，也为推进数字人民币的货币创新提供了较为安全的技术环境。间接动力机制不存在直接动力机制中的目标传导，其驱动创新的可能性也完全依赖于主观动力机制的自身构想。

社会治理领域的各动力机制互相关联、相互作用，造就了当前创新实践如火如荼的形势。随着社会转型和变迁，体系的运行必然会面临新的问题，如何构建各个动力机制间的有效衔接和有序运行，是下一步需要思考的命题。

第二节　基层治理创新的两种路径

从多层治理的角度来看，基层治理创新的实践路径包括“M”和“W”型、“m”和“w”型，具备制度合法性、社会需求度、治理有效度三重基本属性。

一、“M”和“W”型创新模式

“M”和“W”型创新模式如图 4－2 所示。

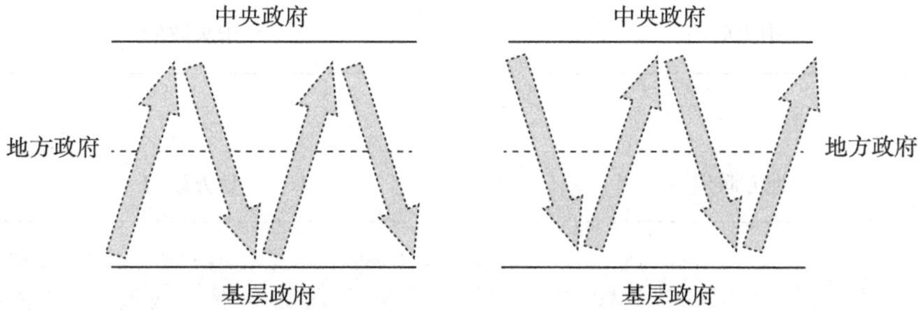

图 4－2　“M”和“W”型创新模式

推进基层治理创新，需要顶层设计与基层探索有机结合起来，将党的宗旨与人民意愿相统一，科学决策和群众首创相统一，问题导向和目标导向相统一。“M”和“W”型创新模式便是最为理想的基层创新类型，其主要特点是基层政府创新后得到地方政府乃至中央政府的肯定和重视，创新经验得以制度化，并在全国层面推广和扩散。“M”型创新模式和“W”型创新模式的区别在于，前者是基层政府出于各种原因，主动探索创新路径并在获得颇有成效的实践经验后，获得地方政府的认定和推荐，进而得到中央政府的肯定，之后在中央政府的授权下反复实验，从而取得制度化的优势地位，在更大的范围内予以推广；后者是在中央精神的指导下，上级政府关注该领域或地区并专门授权，基层政府往往在创新项目推进的过程中，享有政策支持、经济保障或物资补助，成功后作为典型案例被吸纳进顶层设计或整体性体制机制，在全国范围示范推广。

二、“m”和“w”型创新模式

“m”和“w”型创新模式如图 4－3 所示。

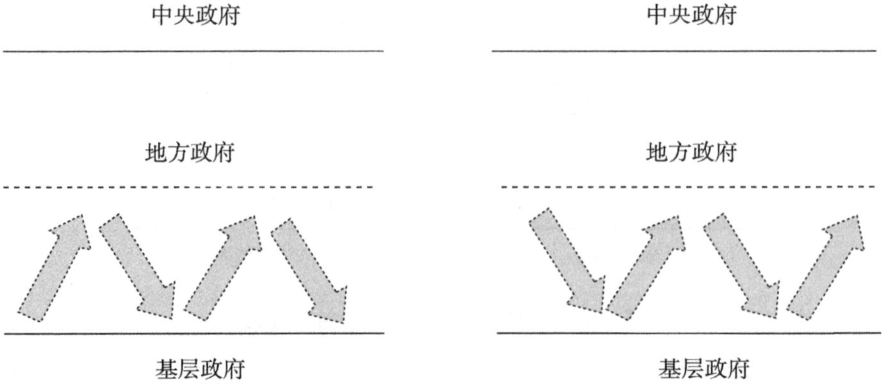

图 4-3 “m”和“w”型创新模式

“m”和“w”型创新模式的主要特点是，这种地方的创新实践局限在某个省、市、县，只在局部范围内得到适度的推广，内容上一般是在某个环节或某个界面，为解决特定问题提供了治理工具，影响范围局限于本地，虽然没有被吸纳进顶层设计和制度架构中，但是也在局部地区实现了治理有效，属于地方型创新扩散。“m”和“w”型创新模式的区别在于：“m”型创新模式主要是指基层政府主动进行创新探索，在实践层面取得创新成效后获得地方政府的肯定和默许，但没有得到中央政府的重视和关注，在地方既没有终止也没有在更高层面获得推广扩散。“w”型创新模式一般是省政府、市政府或县政府在内外因素的双重推动下，出于种种考量关注到某个创新领域并助推其在基层落实，基层在反复实践后取得一定的治理成效，在地方层面获得扩散的可能。

如表 4-1 所示，从多层治理的视角来看，中央、省、市、基层政府的角色定位和治理边界影响着基层治理创新的启动和开展。中央政府主要从宏观层面进行方向指引和顶层设计，很少直接参与基层政府的运作，而是借助省、市等中间层级推动基层治理创新的扩散。为了保障市域治理的有效实施，中央政府需赋予城市政府更大的行政决策和体制调整权限，从而确保城市不会因行政层级的限制而影响其创新政策的供给及灵活性。

表 4-1　多层治理视角下基层治理创新的统筹情况[1]

统筹类型	政府层级	统筹强度
源头统筹	中央	*
	省	* *
	市	* *
	基层政府	*
过程统筹	中央	*
	省	* *
	市	* * *
	基层政府	* *

注：*代表弱；* *代表一般；* * *代表强。

细化到政府统筹领域，基层治理创新的实施包括源头统筹、过程统筹两类。源头统筹是指自基层治理创新伊始，由多层政府对基层治理创新点进行全面规划与协同运作，确立一致的治理理念、体制机制及资源调配。从多层治理视角出发，基层治理创新的动力源泉多源自省、市等上级政府的权威推动，而基层政府间的自由合作则相对较少。这是因为基层政府始终坚守效用最大化原则，在有限的资源、人力、成本投入的情况下，采取最为高效的方式，实现政治、社会和经济等多领域的预期目标。

过程统筹系指在基层治理创新的初始阶段，各方独立展开工作，随后在治理进程中，循着特定周期开展合作创新，以实现资源共享、经验共鉴。过程统筹的驱动力既包含省、市等上级政府的积极引导，亦可能源于基层政府间的自发性合作，比如，近些年临近区县、街道（乡镇）等开展的合作式创新，既缩减了试验成本，又兼顾了试验目标本身。进一步分析过程统筹的动力强弱，可以发现，相较于省级政府，市级政府因更贴近基层治理实际，故其统筹动力更为强烈。

在政治集权与行政分权并行的权力结构中，地方政府所展开的分散性试

---

〔1〕 参见李晓燕：《多层治理视角下的基层治理创新锦标赛》，载《华南理工大学学报》（社会科学版）2020 年第 5 期，第 131 页。

验，不仅有效降低了政策实施中潜在的风险，同时，各地循着不同领域、问题开展的多样化探索，为政策的制定提供了更为丰富的内容，充分展现了地方治理的创新活力与智慧。无论是“M”和“W”型、“m”和“w”型，还是“V”和倒“V”型、“v”和倒“v”型创新路径，均是基层探索与上级政府政策设计相互嵌套的结果，这种多层级的政策试验和多样化的路径选择，确保了中国体制在应对复杂多变的国内外环境中始终保持强大的政治韧性和生命力。

三、三重基本属性

基层治理创新的过程涉及治理合法性、公共性和有效性建设的过程。依据现代国家政权建设理论，本书认为，制度合法性、社会需求度、治理有效度是衡量基层治理创新是否真实有效的必要条件。

（一）制度合法性

合法性对基层政权存在、被认可和发展的基础，在哈贝马斯（J. Habermas）看来，合法性意味着某种政治秩序被认可的价值以及事实上的被承认，杜赞奇（P. Duara）则强调国家权力在现代的渗透与扩展包含着合法性重构的过程。[1] 制度合法性是社会治理的基础和保障，指社会治理的创新行为和制度规则必须符合国家法律法规和政策的要求，具有法律效力和权威性，能够被广大社会成员认可和接受。

基层治理创新需要遵循公正性、参与性、适应性等原则，这是制度合法性的重要体现。第一，公正性原则是指社会治理领域无论是体制机制的创新还是制度体系的创新，必须坚持公正原则，充分考虑社会成员的利益诉求，保障社会成员的平等权利，确保公平正义的实现，不得以牺牲少数人或特定群体的利益为代价。第二，参与性原则，意味着基层社会治理应鼓励政府之外的其他社会组织、市场主体、社会成员等积极参与社会治理过程，保障他

---

〔1〕 参见［美］杜赞奇：《从民族国家拯救历史——民族主义话语与中国现代史研究》，王宪明译，江苏人民出版社2009年版，第69页。

们的知情权、参与权、表达权和监督权，充分考虑不同社会成员的意见和建议，确保其参与社会治理的积极性和主动性。第三，适应性原则要求基层社会治理的创新模式及运行机制具有一定的适应能力，能够随着经济社会的发展、民众诉求的转变、文化观念的更迭等不断完善和调整，能够因时因地地考虑到未来可能出现的新情况、新问题，根据具体发展情况进行适时应对。

（二）群众需求度

公共性乃合法性的基石，国家政权建设的核心在于治理角色和治理关系的制度化变革。这一进程不仅赋予了国家作为主权象征的新型组织形态，更要求实现向公共组织性质的深刻转变，承担起提供公共物品、管理公共财产、履行公共服务职能的重任，从而确立其作为公共服务提供者的核心地位。[1]在构建国家权力与基层社会对接机制的过程中，我们需精准把握“渗透性逻辑”与“合法性逻辑”之间的平衡。在确保国家权力有效下沉至基层的同时，以公共服务为引领，不断提升治理效能，通过提升公共服务供给的质量和水平，赢得民众的广泛认同与支持，进而夯实国家政权构建的合法性基础。[2]

民众诉求是基层治理创新的出发点和落脚点。首先，基层治理创新需要紧密围绕社会需求进行，以更好地服务人民群众，满足民众的现实需求和根本利益为目标。这就要求基层治理创新应当深入了解民众的需求和诉求，要通过多种渠道和方式，如调查问卷、座谈会、民意调查等，收集群众的意见和建议，了解他们的真实需求和关切。其次，基层治理创新应优先解决群众直面的重难点问题，提高群众的生活质量和幸福感。群众反映的问题往往是基层治理中的难点和痛点，也是群众最关心的问题。以群众需要为导向寻求基层治理领域的创新突破，不仅可以提高群众对基层治理的满意度和信任度，也可以增强基层治理的实效性和可持续性。最后，以民众诉求为出发点和落脚点，有利于激发群众的主动性和参与热情。群众是基层治理的主体和力量源泉，只有激发群众的参与热情，才能实现共建共治共享的目标。因此，基

[1] 参见张静：《现代公共规则与乡村社会》，上海书店出版社2006年版，第22页。

[2] 参见郭明：《国家政权与基层社会实现对接的一种解释路径——以N镇行政服务中心为考察对象》，载《求实》2015年第12期，第87－93页。

层治理创新应该通过多种形式，如志愿服务、社区活动等，吸引群众参与基层治理，提高他们的参与度和获得感。

（三）治理有效度

治理有效是基层治理创新的本质要求和根本目的，包括更好地满足人民的需求，解决社会问题，维护社会公平正义等基本内容。治理有效度的高低直接反映了创新举措的实际效果和社会影响力，需要通过优化组织架构、破解权责不匹配问题、加强基层政权治理能力建设等多种方式来实现，有效治理不仅能够确保基层社会的和谐稳定，还能促进基层组织的健康发展，提高基层工作的效率和水平。

治理有效强调治理主体的多元、治理方式的高效以及治理成果的广泛，可以从三方面理解：首先，治理有效强调治理主体的多元性、协同性和利益共享。这意味着不仅政府要发挥作用，还需要社会组织、企业和居民等多元主体的参与和协同。这种协同治理的模式可以促进资源的共享和优化配置，提高治理效率。其次，治理有效注重治理方式的法治化、公平化和高效化。法治是现代社会治理的基石，通过法治手段可以保障社会公正和稳定。公平是社会治理的重要目标，需要确保资源分配、机会获取等方面的公平性。高效则是指治理过程要快速、准确、有针对性，以满足社会发展的需要。最后，治理有效的本质在于推动社会的高质量发展，包括经济、政治、文化、社会等方面的协调发展，通过改善基层社会环境、促进社会稳定、提高居民生活水平等方式，实现基层社会的可持续发展。

在深入探讨基层治理创新的核心要素时，制度合法性、社会需求度和治理有效度构成不可或缺的基本属性。制度合法性是基层治理创新的基石，社会需求度是衡量基层治理创新成功与否的重要标准，治理有效度是检验基层治理创新成果的关键指标。在未来的基层治理实践中，应始终坚持这三个基本属性，推动基层治理创新不断取得新的突破和成果。同时，积极探索创新基层治理的模式和方法，不断提高基层治理的科学化、民主化、法治化水平，为提升国家治理水平夯实基层基础。

第三节　基层治理创新的主要领域

党委领导、政府负责、民主协商、社会协同、公众参与、法治保障、科技支撑的社会治理体系，是社会治理创新的重要工程，也是基层治理创新的重要目标，充分体现了党领导下多方参与、合作共治的治理理念，对社会治理的体制架构作出顶层设计，也对基层社会治理的核心领域作出具体安排。

一、党委领导：党建引领发挥总揽全局核心作用

在基层社会治理中，必须有一个核心组织，它是基层社会治理的“魂”，这个“魂”就是党组织，基层党组织是党执政的组织基础，基层党建是全面推进党建工作的重要基石。中国特色制度环境塑造了基层社会独一无二的治理格局，“党建”与“共建”的双重治理逻辑贯穿基层治理场域，共同形塑着基层社会治理。“党建”的治理逻辑是以政治引领功能为基点，通过发挥执政党的价值引领作用来突出党的政治优势和组织优势，具体表现为对基层治理场域形成全面、深度的引领行为，以达到巩固执政基础和把握治理主脉的目的。而“共建”逻辑则强调的是一种“一核多元”模式，即在坚持党建引领、维持其政治核心作用的前提下，力图将基层多元治理主体纳入共建体系中，充分发挥多元主体的比较优势以实现社区共建共治的同步推进。党建逻辑以方向和价值为起点，共建逻辑以善治和效能为目标，二者形成的是一种价值耦合、行为互动的治理关系，二者共同铸就了基层社会治理的新格局。因此，要以“党建引领 + 社区共建”思路，引领和推动社会力量参与治理。[1]

构建社区共同体作为基层社会治理任务中的关键一环，党建在其中起着

[1] 参见陈秀红：《从“治理共同体”到“生活共同体”：党建引领基层治理的社会整合功能实现逻辑》，载《北京行政学院学报》2022 年第 3 期，第 69 – 76 页。

总揽全局、协同各方的作用。[1] 党建引领机制原理就是从机制视角来研究基层党组织如何通过党建来调动街道、社区、农村、企业、社会组织、居（村）民等多元主体来参与构建社区共同体的积极性，通过科学的机制设计，使组织自动运行，达到“无为而治”。所谓党建引领构建社区共同体的机制，是指党在执政实践中有效整合基层社会资源，开发和利用与构建社区共同体有关的各种资源的运行机理。这个引领机制表现为党组织在基层社会治理中的统筹协调、左右联动、党员示范和带动作用。党建引领社区共同体建设的引领要素包括政治领导力、思想凝聚力、组织感召力、价值引领力、平台整合力、制度规范力，这六种力量相互影响、共同作用，旨在强化党建对社区共同体的引导。

二、政府负责：赋权增能助推社会实现良性发展

构建共建共享共治的社区共同体需要政府发挥主导作用，创新多元主体参与治理的思路方法，积极探索民众参与社区治理的活动平台，不断拓宽民众参与的治理渠道，同时还要完善相关制度来支撑民众参与共同体建设的长期性和稳定性，真正从内生动力层面激发群众在公共事务治理层面的参与热情，营造良好的社区居民广泛参与共同体建设的家庭氛围、社会环境，从而夯实群众有效参与共同体建设的基础。[2]

政府是社区共同体建设的主导力量之一，对社区的建设和发展起到了极大的促进作用。随着社会的发展，政府的职能也愈加丰富，职能发挥形式也愈发多样。这也要求政府应及时转变职能，提升服务能力，优化职能结构，提升治理水平，加强与其他主体的合作，整合社区治理的多元力量，从而推动社区治理共同体的建设。首先，政府有关部门需要树立服务理念，以公共服务提供者、公共需求倡导者的角色，有效配合其他主体展开治理行动，逐步由“管理”向“治理”再到“善治”的模式迈进。此外，政府还应更好地

---

〔1〕 参见李风雷、张力伟：《党建引领乡村治理共同体的责任政治逻辑——基于“许家冲经验”的分析》，载《学习与探索》2022 年第 3 期，第 58－65 页。

〔2〕 参见曹海军、鲍操：《社区治理共同体建设——新时代社区治理制度化的理论逻辑与实现路径》，载《理论探讨》2020 年第 1 期，第 12－18 页。

发挥自身职能，通过政策协助或技术援助，为村镇、社会组织、居民提供技术性援助，助力治理工作的开展，提升治理水平。其次，政府只有发挥正确应有职能、增强自身的服务意识，以居民需求为导向，调动自身资源的有效配置和职能的有效发挥，提升自身的公信力，增强村民自治的信心与能力，进一步推动社区治理水平的提升。同时，政府在社区治理的任务安排上，需在充分了解社区治理现状的基础上进行顶层战略设计和工作部署，兼顾各方面利益，充分发挥各主体的治理优势，从而使得社区治理的设想和规划得到落实。并建立起合理的监督考评机制，评估各主体的治理成效。除此之外，在对社区共同体建设提供规则和技术的同时，还要进一步向村（居）委会授权，给予社区更多的自由空间和自主权。最后，加强政府与社会主体之间的合作，将行政服务、网格化管理等社会职能移交给企业和第三方，提升市场化运作水平。在服务提供方面，应进一步培育引导更多社会组织参与政府服务招标，激励社区治理能力和水平的良性竞争，提升治理工作的专业化、标准化水平，提升服务质量，满足人民群众多样需求，提高社区治理专业水平。

三、民主协商：多元协商机制贯彻以人为本原则

随着民众参与意识和能力的不断提高，他们更倾向于通过理性对话、友好协商等途径参与公共问题或利益冲突的解决，确保自身权益得到妥善维护。目前，根据议事内容不同，基层采用的协商机制有决策型、协调型、监督型、开放型等。决策型民主协商，主要指政府向基层群众征集意见，根据实际情况优化政策方案，推动问题解决。协调型民主协商的方式方法更为多元，通常由利益各方共同参加，通过圆桌会、板凳会等协商载体达成共识。监督型协商民主主要由社区自治组织、社会组织、社区居民等对政府行为、重大决议等展开协商对话。开放型协商民主侧重于多元主体的参与，尤其是公众力量的参与，力图在平等对话的基础上推动共识的达成。

基层民主协商无论协商形式，还是协商主体、内容上都有很大的灵活性。首先，协商议题选择的灵活性。比如，乡镇（街道）的民主协商涉及的主要议题包括：区县党委和政府根据地方经济社会发展规划和涉及人民群众全面

发展切身利益的事项、乡镇（街道）党（工）委、政府围绕本地城乡规划、工程项目、征地拆迁等年度工作重点和群众反映强烈的社会民生热点焦点问题，设置纳入乡镇（街道）民主协商的规定性议题；乡镇（街道）场域内行政村（社区）开展协商活动和跨行政村（社区）协商活动纳入指导性议题；乡镇（街道）党（工）委、政府认为需要进行民主协商的临时性议题。

其次，协商形式的选择极具灵活性。基层民主协商既可以借鉴吸收人大协商的委员会协商、政府协商的部门协商、政协协商的界别协商等代表协商形式，又可以借鉴村（居）民参与社区民主自治的协商形式，既开展综合协商，又有专门协商，既可以定期，又可以不定期。各地普遍重视协商载体建设，构建了形式多样的协商通道、协商平台，注重品牌效应。以浙江省为例，温岭市的“民主恳谈会”历久弥新，近年来注重参与式预算及民生事项，象山县建立“村民说事”制度及议事会，莲都区基于民主决策的“阳光票决制”之影响建立了“阳光议事会”，此外诸如富阳区的“小队会”、德清县“乡贤参事会”、慈溪市白沙路街道“新老社员议事会”、武义县白洋街道“邻舍家”议事会等议事载体都各具特色。同时依托数字化驱动，拱墅区、柯城区、诸暨市等地积极探索线上议事平台建设。如拱墅区的“红茶议事会”智慧协商平台，通过建设“城市眼·云共治”系统、“红茶议事会”系统端、“红茶议事会”移动端这“一舱两端”，通过多维度感知与收集民意及大数据分析生成重点议题，通过自动生成的众多“议事员画像”，通过建立线上议事流程与规则等，使得协商事项更贴近居民诉求、协商主体更为精准有效。

最后，基层协商的主体更为多元。基层民主协商可以根据议题所涉及的范围、群体、领域、行业、专业性质等要素，选择具体的协商主体。总体来看，基层党组织的核心引领功能在基层治理中越发突出，更多的地方将村社书记等纳入议事组织之中，发挥牵头组织、关系协调、资源整合功能。在城市社区，“两代表一委员”、居民代表、重点居民骨干、社会组织代表、业委会代表、物业公司项目经理、网格长、部分楼道长等均成为协商主体。比如，推动成立“红色物业联盟”、党建引领的“物居业”三方协同办公室。在农村社区，“两代表一委员”、乡贤、老党员老干部、村民代表、妇女（儿童）主任均进入议事会中，一些城乡接合部、“超级村庄”等还积极推动新居民代表、社会组织代表参与。比如，浙江省武义县后陈村作为全国首个村务监督委员会诞生地，探索了“监社联动”议事协商，一方面发挥村务监督委员会全过程参与、全过程监督的作用，另一方面发挥专业社会工作的优势，将街道社工站驻村社工纳入“邻舍家”议事会，目前已经推动村庄环境整治、垃圾分类、村庄运动场地管理规则、新居民管理等事项的议事协商，并制定了议事协商积分制度，取得了很好的效果，得到武义县组织、纪委、农业农村、民政等部门及街道的高度肯定。

基层民主协商兼具民主类型与民主环节的双重特点，其实践性中蕴含着深刻的抽象性。这意味着在开展民主协商类创新探索的过程中，必须充分考量实践条件的配置与过程性。据研究可知，基层协商民主的动力主要源于公共利益的多元化与民众对公共利益的深切关注，他们渴望在公共利益分配中拥有更多的话语权和参与机会。同时，城乡社区民主协商的地方实践高度依赖于地方治理体制的整合与创新能力，这包括地方党政领导的高度重视、体制资源的有效配合与整合、治理政绩的显著体现以及可实操性。[1] 从这一角度来看，由基层组织开展的民主协商，既要关注协商内容、协商程序的组织技术效率，还需考量体制与地方政府包容性、地方性知识等外部环境的合法性机制，同时必须重视城乡居民平等参与及影响各维度的过程。在民主协商的过程中，各方主体通过平等交流、互动沟通、妥协让步达成共识，这一过程本身就是公共性再生产的体现。因此，基层民主协商必须深深植根于地方社会的制度文化环境，紧密结合城乡居民的需求和问题，精心凝练协商内容、程序及方式，并持续关注协商民主实践的过程性，以确保制度执行与创新的顺利推进，避免意外后果的产生。

四、社会协同：社会广泛参与优化社区治理结构

构建共建共治共享的城市社区治理新格局，核心在于“共”，社会协同参与是不可或缺的“战略支点”。在社区治理共同体的建设过程中，各治理主体

---

〔1〕 参见林雪霏：《当地方治理体制遇到协商民主——基于温岭“民主恳谈”制度的长时段演化研究》，载《公共管理学报》2017 年第 1 期，第 14－26 页。

间的利益纠纷并非零和博弈，多元主体可以通过平等的对话机制进行协商与合作，实现主体间冲突的内部化解，形成多元共治的协同效应，以一种利益均衡状态来维护有序的社会治理现状，从而完成共同体建设的治理目标。构建社区治理共同体所需要的“社会协同”则是指针对共同体相关的公共问题或公共事务来敲定行动目标，吸纳多元主体共同参与治理工作，为共同体建设建言献策。但在实践中，部分村（居）民自治组织甚至村（社区）的党组织、经济组织和社会组织都不同程度地“被行政化”了，行政权力对基层群众自治领域的“行政化侵入”明显。这就进一步导致了“制度理性缺失、官本位文化和制度技术滞后”等问题，[1]“做群众工作”很大程度上成了“做群众的工作”，基层人民群众在基层社会治理中被“被动化”“边缘化”了。

为此，应积极调动党政部门、市场、社会组织、社区居民等多方力量，使各主体利用自身禀赋和资源优势，发挥协同共治的积极作用，推动形成显著的治理协同效应，实现治理目标。第一，充分发挥业主委员会的自治作用。社区民众基于共同治理诉求形成的业主委员会，是发挥社区自身治理能动性的重要载体。因此针对社区治理过程中的公共事务，政府部门要给予业主委员会充分的自治空间以发挥其参与主动性，在尊重社区民众的利益诉求和治理意愿基础上进行有益的行为引导，规避基层政府“保姆式”角色导致对社区事务的大包大揽。但同时也要注重发挥党政、社会、市场等多元主体的补充作用，形成通力合作的协同效应，避免社区自治游离脱嵌于共同体建设体系。因此在解决实际问题中充分发挥业主委员会的动员、组织、商议、决策、统筹及其协作实施能力，提升整体工作效率。第二，调动公民个人特别是小区中热心人士和优秀党员的带头作用。小区中热心人士和优秀党员通常具有较高的社会信誉和社会地位，在社区治理过程中有着较高的动员力和号召力。其中的部分人士更是曾经担任政府工作人员或企业管理层，他们对社区治理事务通常拥有独特的见解，会以自身的专业能力和管理技能来提升治理水平，能够有效引领实现社区的“善治”。第三，注重党委、政府、企业、社会组

---

[1] 参见张保伟：《影响中国协商民主制度化发展的几个问题》，载《南开学报》（哲学社会科学版）2020 年第 2 期，第 53－60 页。

织、居民之间多方力量的联合推进，促进党建带动、政社联动、利益驱动、资金撬动等协同作用及各自优势的发挥，彼此照应、各展所长。

五、公众参与：三个“人人”激发基层自治活力

公众参与社区治理是将群众路线、人本思想、命运共同体理念融入治理实践之中，践行人民当家作主的重要体现。公众对社区治理有序有质的深度参与，既是新时代构建“人人有责、人人尽责、人人享有”社会治理共同体的总体趋势，也是提升社区治理能力、构建社区共同体的必要条件和关键环节。

在公众参与的过程中，应围绕利益维护和共识达成的核心，为民众参与社区治理提供基本保障。首先，确保信息知情，通过多元化宣传渠道，广泛传播决策相关信息与专业知识，使民众能够充分了解并掌握决策信息；其次，保障合理表达，必须确保民众享有公平、平等的发言权，并将民众的意见完整、准确地反馈给决策部门；再次，强调平等参与，协商民主的核心在于参与平等，需优化制度设计，确保程序公正，力求每位居民都能平等地参与到决策过程中；最后，坚持公开透明，协商议事过程应保持透明化，民众可通过多种公开渠道获取相关信息、了解提案进展、提出疑问并进行监督。同时，应积极引导公众有序参与社会治理，以理性思维审视个体与社区发展的利益关系，培育居民形成正确合理的利益观念，从长远角度看待集体利益的维护与创造对个人发展的深远影响，进而增强公共理性。

六、法治保障：法治化轨道保障基层治理规范化

多元主体治理新格局以及社区共同体建设的形成需要法律规范的保驾护航才能维持社区治理效能的长期稳定，因此推动法治化基层治理的形成是基层治理创新的重要抓手，更是实现基层治理体系和治理能力现代化的制度性保障。社区治理法治化既是多元民主治理结构形成的重要机制，也是社区社会公共性发育的重要支柱。社区治理法治化的实现不是制造各种“象征性符号”，而是要切实发挥法律的功能和作用。因此这就要求法治化轨道的建设需要牢牢把握住真正方向，察民之所需，急民之所盼，解民之所困，从真正意

义上实现法治化与社区治理的双向互嵌，保障最广大人民群众的根本利益，在社区治理的公共行动中实现对人民福祉的全面提升，体现社会公共性的真实价值。

社区治理法治化的实现是完善现代基层治理体系的重要内容，有利于推动社区共同体的成型，不断优化多元治理结构。一是法治化的实现可以明晰社区多元治理主体的权责归属边界。社区治理的多主体参与会伴随着行为的越界或避责现象产生，而法律作为最具权威的行为规范，可以对各主体治理行为产生有效约束，保证社区自治的有序有效实现。通过法律的明令形式来圈定各参与主体的权利和义务，可以引导各治理主体在自身权责范围内行动，从而更好地实现基层善治。二是法治化的实现可以提供社区多元治理主体的纠纷解决机制。[1] 社区治理主体之间常常基于利益、目标、价值等产生分歧，进而演化成矛盾冲突，而法律作为社会控制的手段，具备众多冲突事件的应对程序和处置措施，可以为治理主体间纠纷的解决提供应对方案和解决途径，同时法律强制性带来的高成本解决途径也时刻约束各治理主体的非理性行为，从而使得纠纷内部自我消解、多方公平对话协商成为可能。三是法治化的实现可以搭建社区多元治理主体的协商合作框架。多元治理主体协商解决纠纷、合作推进共治的实现需要外在力量为其提供指引，法律可以因其超然地位形成对各治理主体的普遍约束，搭建各主体平等协商、通力合作的行动框架，减少冲突带来的治理成本消耗和资源浪费，形成治理规模效益，从而提升社区治理的效率和质量。四是法律可以促进社区多元治理主体的自我约束与规制。法律是维护社会秩序的底线所在，是各社区治理主体行为举止的“标杆”，不断衡量着各主体治理行为的合法性，因此法治化的实现可以促进相关治理主体不断进行自我反思、自我修正，通过自我约束的方式避免非法行为的产生。

---

〔1〕 参见姚怀生、邱小林：《论城市化社区法律纠纷的制度构建》，载《河北法学》2016 年第 4 期，第 105 - 113 页。

第五章　新时代基层治理创新的发展趋向

在推进国家治理体系和治理能力现代化的进程中，创新和加强基层治理是重要内容。进入新时代，基层治理创新层出不穷、亮点纷呈，从整体发展趋势来看，突出表现为创新模式更为多样、创新形式更加微观、创新领域更加广泛，创新的理念和改革的思维贯穿其中，基层治理在新时代呈现出更为明确的发展趋向和强劲的发展动力。本章要探究的核心议题在于，如何描述基层治理创新的现状及其新趋向，旨在刻画基层治理创新的整体图景和发展方向，为基层治理的理论与实践提供有益参考。

第一节　实验主义创新成为主流

党的十八大以来，基层治理创新从发展模式上，呈现出改革开放初期以自下而上的自主创新为主向自下而上、上下衔接、自上而下三种模式相结合转变的趋势。其中，自上而下型创新模式又被称作“实验主义治理”，成为基层治理创新的主流，这种模式通过中央与地方的互动，将地方试点积累的有效经验融入中央层面的政策制定流程中，有助于提升政府整体的创新能力与适应能力，展现了高效的政策制定与执行体系。

一、实验主义创新实践

作为富有中国特色的政策测试和政策创新机制，试点广泛应用于各级政府和各个领域的政策实践中，具体包括试验区、试点项目、试验性法规等类型，分别意指“被赋予充分自主权的地方行政区”“特定政策领域内的示范和试点项目”“为政策试行而制定的暂行法规”。[1] 政策试点是推进改革发展的有效策略和实用工具，中国的政策创新、地方试验、经验推广被普遍认为是推动中国发展奇迹和政治适应性的重要制度基础，“先行先试”“典型示范”“以点促面”“点面结合”“逐步推广”便是基于试点中的核心工作归纳出的改革思路，呈现出政策试点的整体运作轮廓和逻辑链条。[2]

进入21世纪以来，重大政策制定和关键领域改革都将政策试验和试点列为前置环节，试点作为政府推进改革开放的关键性政策工具和治理技术，通过先行先试，试点为整体性的政策实施提供必要的支点，内控因政策试错造成的社会成本，有效规避各类不确定风险，提高改革创新的效率和质量，降低政策试验和政策施行的阻力。更为重要的是，试点对纵向层级间的政府间互动产生激励作用，当上级政府具有明确的改革方案时，地方政府将通过试点实践验证上级方案的可行性与有效性；当上级政府的改革方案不甚明朗，地方政府将借助地方探索为上级政府提供可选方案。[3] 对于地方政府而言，政策试验和试点机制为地方探索上升为正式制度提供了渠道，产生了正面的激励作用，极大地调动地方政府的创新积极性和主动性。

进入新时代，传统的单向、单一、单个的改革试点模式逐渐淡出历史舞台，取而代之的是以系统集成思维为引领的改革试点新模式。新模式注重顶层设计与基层探索的有机结合和互动，推动了一系列系统性、集成性、综合性的改革试点。

国家力量引领的改革试点有明确目标和研究方向，政府可以直接设计实验方案，并全程参与评估、监督和业务指导，确保了试点试验的方向正确和治理有效。政党、政府等组织权力被充分调动，宏观主导力量凸显。当前，我国的改革试点已从地方探索转变为中央设计与地方实践相结合的新模式，展现出自上而下的“设计试验”与自下而上的“自主探索”相结合的双重

---

〔1〕 参见［德］韩博天：《通过试验制定政策：中国独具特色的经验》，载《当代中国史研究》2010年第3期，第103－112页。

〔2〕 参见周望：《“政策试验”解析：基本类型、理论框架与研究展望》，载《中国特色社会主义研究》2011年第2期，第84－89页。

〔3〕 参见周望：《如何“先试先行”？——央地互动视角下的政策试点启动机制》，载《北京行政学院学报》2013年第5期，第20－24页。

优势。国家的引领和基层的自主探索通过治理机制有机结合，推动了改革试点的深入发展和实效提升。

二、基层治理类实验区建设情况

“实验主义治理”模式鼓励地方政府基于当地实际，积极探索多样化的解决方案。取得显著成效的地方经验，将被中央政策制定部门吸纳，进而在全国范围内进行推广，以实现政策的普适性和实效性。以实验区为例，能够从多个方面呈现出实验区建设与基层治理创新相互助益、互为补充的紧密关系。

（一）民政部牵头的基层治理类实验区

自党中央作出加强和创新社会管理的重大决策以来，民政部致力于推广全国社区治理与服务创新经验，先后确认了一批实验区，并推出一系列评先评优活动，如表 5－1 所示，2011 年以来，先后确认四批“全国社区治理和服务创新实验区”[1]。

表 5－1　2011 年以来民政部牵头组织的实验区项目一览表

确认时间	名称	实验时间	实验区数量	涉及省（区、市）
2011 年 12 月	“全国社区管理和服务创新实验区”（第一批）	四年（实际三年结束）	12 个	10 个
2014 年 1 月	“全国社区治理和服务创新实验区”（第二批）	三年	31 个	18 个
2015 年 7 月	“全国社区治理和服务创新实验区”（第三批）	三年	40 个	25 个
2018 年 1 月	“全国农村社区治理实验区”	三年	51 个	23 个
2019 年 4 月	“全国社区治理和服务创新实验区”（第四批）	两年	31 个	20 个

---

〔1〕 2013 年，民政部将“全国社区管理和服务创新实验区”更名为“全国社区治理和服务创新实验区”。

2011 年 12 月，确认首批“全国社区管理和服务创新实验区”，包括河北省承德市双桥区，辽宁省沈阳市沈河区、辽阳市白塔区等 12 个单位入选。2014 年 1 月，民政部将北京市东城区等 31 个单位确认为“全国社区治理和服务创新实验区”。2015 年 7 月，民政部启动第三批国家级实验区建设工作，确认北京市西城区、海淀区，天津市河西区等 40 个实验区为第三批“全国社区治理和服务创新实验区”。2019 年，启动第四批“全国社区治理和服务创新实验区”申报认定工作，经过地方申报、遴选、专家论证等环节，于 2019 年 3 月确认包括北京市石景山区、天津市河北区等在内的 31 个单位为国家级实验区，积极探索社区治理新模式，深度推进社区治理走向科学化、规范化。

除此之外，2017 年 4 月，为完善农村社区治理体系建设，扩大农村公共服务供给，民政部印发《关于开展全国农村社区治理实验区的通知》，开展“全国农村社区治理实验区”建设工作。2018 年 1 月，确认全国首批“全国农村社区治理实验区”名单，北京市房山区等 48 个实验区入围。2018 年 9 月，同意将福建省福州市晋安区、厦门市海沧区、福鼎市等 3 个单位列为全国农村社区治理实验区，要求各实验区根据不同的实验主题，开展为期三年的实践探索。2022 年 7 月，确认北京市房山区等 51 个农村社区治理实验区顺利完成实验任务。总体来看，截至 2022 年 6 月，民政部共成立 112 个“全国城市社区治理与服务创新实验区”和 51 个“全国农村社区治理实验区”，为破解基层治理难题探寻新路径，为推进基层治理体系和治理能力现代化提供新经验、新样板。

“全国社区治理和服务创新实验区”具有“中央命题、地方探索”的典型特点，各实验区围绕健全社区治理体制机制、加强党建引领、丰富自治形式、完善基层治理体系、提升公共服务水平、有效推进智慧治理等领域开展了丰富生动的创新实践。比如，天津市河北区、四川省成都市金牛区、四川省成都市新都区等，持续探索党建引领社区治理新模式新路径，积极发挥党组织核心领导作用；北京市石景山区、江苏省南通市崇川区、浙江省绍兴市越城区等实验区，以密切邻里关系为抓手，以培育社区公共精神为核心，推进建设“人人参与、人人尽力、人人共享”的社区生活共同体。江苏省南京市雨花台区、湖南省株洲市天元区、重庆市江北区、甘肃省酒泉市肃州区深化“三社联动”机制探索，推进以社区为平台、社会组织为载体、社会工作为支撑，多方力量积极参与、深度融合的制度体系，积极构建服务型社区。广东清远、河南新乡、湖北秭归等实验区，在乡村治理体系方面进行了积极探索，通过健全自治、法治、德治相结合的机制，为构建农村长治久安的治理格局奠定了坚实基础。这些实验区在夯实基层、做实社区上积累了丰富经验，提供了宝贵的可复制、可借鉴的创新模板，为破解基层治理难题、探索有效的社区治理模式发挥了重要作用，有力推动了基层治理体系和治理能力现代化建设。

从第一批、第二批、第三批、第四批“全国社区治理和服务创新实验区”名单来看，在地理分布上，民政部设立的第三批、第四批实验区，相较第一批、第二批，分布更为均衡，实验区的建设充分考虑到不同地区在经济发展水平和社会文化结构上的差异，在东部、中部、西部以及东北地区均有试点项目，努力弱化地方经济发展对社区治理创新实践的过度影响。再者，民政部设立的“全国社区治理和服务创新实验区”是以市辖区、县级市为申报单位，实验区的均衡分布，便于先进地区带动后进地区发挥、后进地区学习先进地区，促进基层治理创新的“全面开花”，从整体上发挥邻近效应在基层治理中的特征优势，通过实验区对非实验区的辐射带动作用，以探寻更符合中国广阔地域文化特点和社会治理复杂性的政策工具。

（二）其他部委牵头的基层治理创新试点项目

除了民政部牵头的新试点项目，基层治理领域的其他试点试验包括：2011 年，经中央农村工作领导小组批准启动的农村改革实验区，共安排北京大兴区等 24 个农村改革实验区和试验项目。2014 年启动实施的第二批农村改革实验区和试验项目（24 个），在以往试点项目的基础上，纳入农村基层党组织建设、村民自治单元试验试点的内容，农村改革试点由农村经济领域转向综合治理领域。2019 年 12 月，中央农村工作领导小组办公室、农业农村部牵头，会同中央组织部、中央宣传部、民政部、司法部等部门开展全国乡村治理体系建设试点，在全国确定了 115 个县（市、区）开展乡村治理体系建设试点示范，通过试点示范，为乡村善治之路探索新路子、创造新模式。为确保试点工作的有序开展，各级部门制定了全面系统的配套措施，包括加大财政投入力度，优化经费保障机制，统筹调度经费安排，为新形势下基层政府治理体系的改革与创新实践提供了坚实有力的支持与保障。

三、实验区建设的内在逻辑及独特优势

包括“全国社区治理和服务创新实验区”等在内的国家级实验区，具有“中央命题、地方探索”的典型特点，成功的地方经验往往在契合中央意图的前提下，通过富有地方特色和治理成效的自选动作，打造自身亮点工程，抓取更多的注意力资源。

以“全国社区治理和服务创新实验区”为例，在每批实验区启动之初，民政部首先确定实验方向、总体要求、具体原则和参考选题，市辖区、县级市等实验区申报单位起草实验方案，包括实验背景（申报单位基本情况、实验基础、面临主要问题）、实验主题和实验目标、实验举措（重点任务、分期规划）、实验保障（组织保障、经费保障、智力保障、宣传保障）等方面。通过布置“命题作文”，中央政府由此实现了对基层社会治理的方向性引领，展现了未来几年基层治理领域的工作核心与重点内容，为地方实践指明了明确的方向。

实验方案的制定过程也是经由逐级确认从而获得合法性身份的过程，实验方案通过初审的申报单位将直接进入逐级推荐环节，以党委和政府名义向市级民政部门报送“全国社区治理和服务创新实验区申报表”及实验方案，市级民政部门审核同意后再以正式文件报送省级民政部门，省级民政部门审核同意后最终以正式文件形式报送民政部；其中，市级、省级民政部门在正式文件中写明包括实验区工作基础评价、实验主题和措施评价、指导实验方案制定情况等在内的本级审核意见，以及政策支持、经费支持、项目支持等方面的保障支持措施。实验方案待完善的申报单位可以结合民政部反馈的专家意见，在省级、市级民政部门的指导下修改并再次提交评审。申报材料凭借中央、省级、市级部门与基层部门的反复沟通与调整，使实验目标在契合中央意图与解决地方问题中取得平衡点，实验目标更为明晰，并预留出足够的探索空间。

中央在试点推进过程中发挥引导性、规范性和约束性的职能，最终通过自我评估、实地验收、结果认定等实效性考核和成果确定，赋予实验区独特的优势地位和制度价值。相应地，对于申报实验区项目的基层政府来说，符合中央关切、契合发展趋向、反映上级意图是制定试点方案的首要前提，只有与国家的宏观政策取向和发展方向相契合，更有可能通过层层筛选得到实验区的资格。

实验区的资质，对于地方政府而言不仅是一种荣誉，更意味着上级政府注意力的集聚和优势资源的下沉，借助实验方案的落实落地，实验区相比非实验区能够获取更多的注意力分配、优惠政策和治理资源，有利于成为当地社区治理与服务创新的先锋和排头兵，进一步夯实社会治理的基层基础。

“地方探索”不仅包括基层政府在契合中央关切的前提下执行的“规定动作”，还包括立足地方实际、解决治理难题而自主开拓的“自选动作”。比如，《民政部办公厅关于做好2015年全国社区治理和服务创新实验区工作的通知》，明确了第三批实验区申报的参考选题为“创新社区党建工作、提高社区治理水平”“推动三社联动、创新社区治理机制”“完善基层协商、增强社区自治功能”“推进社区减负增效、加强社区依法治理”“推动社区信息化建设、提升社区服务能力”。对于第三批实验区而言，“党建引领”“协商民主”是社区治理领域常规的实验内容，“三社联动”与“服务体系优化”相比之下是更为新颖的实验主题，公益创投与社区发展基金会是比较典型的“自选动作”。[1] 这些“自选动作”的加入为实验区建设增添色彩，也开拓出更多可探索、可创新的实验空间。

这就要求地方政府在把握基层社会治理的整体趋势与重点方向的基础上，遵循问题导向，坚持人民的主体地位，以解决问题为目标，制定具有针对性的实验方案，在实验区建设过程中统筹各类有利资源，充分调动积极力量，摸索善治良方，实现资源优势互补，激发共建共融活力，利用标准动作之外的“自选动作”创新，为实验成果的运用和创新政策的扩散提供坚实基础，

〔1〕 参见孙悦：《国家级社区治理实验区的政策创新扩散逻辑——基于40个案例的定性比较分析》，山东大学硕士学位论文。

进而有机会使可复制、可参考的实验成果上升为推进基层治理和服务创新的政策措施。

实验区建设的过程是中央政府与地方政府紧密合作、反复互动的过程，中央政府有较为明确的实验主题、评估办法和约束机制，需要地方通过实践探索提供政策工具，因此会对地方探索呈现出开放的姿态，以便地方先行先试；地方拥有丰富的实践经验和实验场域，能够根据中央的政策偏好和上级要求对相应主题进行探索，实践经验可以供中央政府参考，树立标杆、持续推广。实验区的启动和运行遵循着相对固定的逻辑模式：中央政府确定实验目标并提供实验选题，地方政府结合实验目标和地方实情起草本地的实验申报方案。本地方案经过上级部门逐级审阅推荐后报送中央政府，之后，由中央政府对申报材料进行组织评审和层层筛选，确定实验区名单，实验区即可在未来两三年，根据实验方案自发选择政策工具、探索本地创新项目，实验期满，中央政府将对实验区成果进行实地验收，考察实验区实施成效，并对结项验收成果进行最终认定。由此产生的实践经验将促进实验区与非实验区的交流学习，为相同资源禀赋、区位条件和发展定位的地区提供经验样本，甚至为更广阔层面的治理体系提供创新实践和改革方案。

与其他试点项目不同的是，实验区的建设具有独特的自身优势，当某一地方被授予“实验区”称号时，意味着这一地区的实验方案通过层层筛选得到了上级政府的认可，这些由国家选定的实验区探索失败的可能性很小，所以自实验区成立之时，自上而下的政策创制与自下而上的政策扩散就已经发生了，府际之间的相互模仿以及实验区与非实验区的学习交流互有交叉、同时进行，这也是社区治理实验区与其他类型实验区的不同之处。

实验主义创新模式采取试点引路的办法，增加了检验成效，降低了改革风险，基层治理借助试验区的样本扩散效应，催化了更大范围的改革探索。创新空间的扩大，对改革推进的速度和深度的贡献就越大，这种模式又被总结为“注入式的政策发展方式”“开放式的政策实验”。[1] 实验区建设及试点

[1] 参见王绍光：《学习机制与适应能力：中国农村合作医疗体制变迁的启示》，载《中国社会科学》2008 年第 6 期，第 111 – 133 页。

工作对于中央政府来说，是政策求解与以点带面的过程，对于地方政府则带有更多资源撬动与标杆树立的意味。总体而言，实验主义创新模式作为一种回应央地结构矛盾的理性制度设计，对于推动政策、制度和实践的创新具有至关重要的作用。它充分体现了党的执政韧性和政府的治理弹性，不仅有效保障了国家规划政策目标的稳定性，更为政策的适时调整与创新赋予了必要的灵活空间，通过构建更为包容的政策学习和制定环境，进一步增强了中国体制的适应性和生命力。

第二节　城市治理创新发展方向

从宏观视角审视，近年来，城市社区治理的创新领域集中在多元主体的参与、体制机制的完善、公共服务的优化、技术工具的创新应用等多个方面，可被归纳为共治类、善治类、良治类和慧治类四个类别。共治类创新强调多元主体的共同参与和协作，善治类创新注重提升治理效能和群众满意度，良治类创新致力于构建良好的社区治理生态，而慧治类创新借助现代科技手段，提升治理的智能化和精细化水平。

一、共治类创新：治理主体多元化

习近平总书记在参加十二届全国人大五次会议上海代表团审议时指出："要发挥社会各方面作用，激发全社会活力，群众的事同群众多商量，大家的事人人参与。"在七位一体的社会治理体系中，"民主协商""社会协同""公众参与"等要素都是和基层自治密不可分的，而构建人人有责、人人尽责、人人享有的社会治理共同体更是城市社会治理现代化中自治强基目标的实现路径。要实现共治，需要厘清多元化背后的权力关系网络，在异质性中构建多主体的利益共生关系，构建起有效平衡社区治理中各利益主体的结构网络，才能在调动有效参与的同时发挥各主体的自身优势。

一是建设社区议事协商自治平台。社区议事平台建设为社区居民参与社区自治提供了场域和机会，使得有能力和意愿的居民能够发挥光和热，同时激发和带动能力与意愿不强的居民自我教育、自我成长。因此，议事协商自治平台建设通过“传帮带”的方式激活社区自治存量和不断充实社区自治增量，居民通过共建共治的责任承担与奉献精神来共享社区自治成效。比如，北京市海淀区香山街道第一社区将一处废弃小广场改造成一个集社区党建、议事协商、休闲娱乐等于一体的立体式综合议事开放空间，并命名为“沁香园”议事小广场。社区通过推行“五步循环工作法”议事程序，即问民需、汇民意、议民题、执民事、促民评五个环节，规范议事流程。议事广场畅通了社区民意反映渠道，激活了基层社会治理“神经末梢”，从提出问题、讨论议题到议事协商，实现“居民吹哨、社区报到”“社区吹哨、科室报到”，着力解决群众民生微实事。聚焦居民关心的问题是议事协商会存在的逻辑起点。议事协商会具有纯粹的草根性和人民性，它专门为解决居民急难愁盼的社区小事而存在，议事会组建的目标聚焦性和功能专一性使它得以发挥独有的社区治理功能。

二是提升社区社会组织自治能力。城市社区最大的特点就是人员流动性强、群体异质性强、关系疏离感强。因此，社区自治的难点正是在于如何将不同属性的群体组织起来，发挥他们各自的特长，为社区治理和自治强基贡献各自的力量，从而基于人人有责、人人尽责的付出取得人人享有的社会治理共同体的良好局面。基层社区自治既要靠自觉，更要靠专业力量的引导和培育，特别是培育和发展社区社会组织将居民整合起来，是实现社区动员与组织化的有力措施。具体措施为：首先，在街道层面设立社会组织孵化基地，孵化便民服务、社区环保、残疾人关爱、科技助老、亲子教育、社区传统文化教育等类别的社区社会组织。其次，引入社会工作专业机构，在资源共享、专业引领、组织孵化等方面实现一体化建设，打造街道社工站和社区社会组织的双向服务平台。再次，打造“人才孵化、项目孵化、组织孵化”的孵化体系，通过定期培训、实训交流提升社会组织的规范化建设，完善社区社会组织的人才体系。最后，倡导组织开展邻里互助、居民自治和社区微治理项目，为社区工作者、社区社会组织提供理论知识、服务技巧和专业理念，提升综合性服务能力。

三是促进新就业群体融入自治格局。随着新产业、新业态竞相产生，由此带动新兴就业群体人数众多。这些新兴就业群体往往具有人口规模数量多、跨地域流动性强、社区归属感弱、社区参与机会少等特点。因此，促进新就业群体融入社区自治格局是真正把人人有责、人人尽责、人人享有的社会治理共同体理念贯彻到底的最佳抓手。比如，山东省滨州市依托社区服务驿站，倡议辖区内外卖骑手积极参与地区社会治理，充分运用新就业群体特殊职业特点，主动肩负基层治理前线“流动哨兵”“移动探头”使命。骑手志愿者在风险隐患预警、矛盾纠纷化解、社区防护守护等方面发挥职业优势，拓宽了基层治理成效和深度。吸纳新型就业人群参与自治应当发挥其职业专长，让专业的人去做专业的事不仅可以最大限度发挥其功能，也能让其在投入工作中找到乐趣与满足，让基层治理起到事半功倍的效果。同时应当注意，吸纳新就业群体参与基层自治，应将激发其奉献精神与提供关心支持相结合。新型就业群体具有工作压力大、生活负担重和业余时间少等特点，在鼓励其发挥自治共治精神之前给予其适当的精神与物质激励，以增强其社会归属感和社区认同感。

二、善治类创新：体制机制成熟化

现阶段，群众间的具体利益上存在较大差异性，这就要求基层治理中要不断提升利益诉求保障协调能力，健全民主机制，这是群众工作的治本之策，是提升城市社会治理基层服务水平的根本要求。各地贯彻群众工作的治理理念，主要从以下几方面着手提升利益诉求保障协调能力。

一是畅通利益诉求表达渠道。如各地积极打造的社区综合治理中心，是基层服务能力中利益协调保障能力的重要体现。街道以“党的领导”为核心，以“政府负责”为关键，以“公众参与”为基础，畅通百姓参与社区治理的渠道，党员带头表率，引领群众在参与中提升自我价值感，将新时代党的群众路线贯穿治理工作始终，依托综合治理中心，完善民情民意收集渠道与反馈机制，畅通群众诉求表达、权益保障通道，及时排查梳理潜在问题，做到民有所呼，我有所应，难事办好，实事办实，不断提升居民幸福指数。

二是完善多元利益主体协调机制。比如，广西壮族自治区柳州市柳南区开展全国街道服务管理创新实验，以“协商于民，协商为民”为宗旨，以提升街道治理能力和服务水平为目标，围绕“街道协商规范化建设”实验主题，按照“整合街道党代表工作室、街道人大代表联络站、政协委员工作站、街道民情民意工作站，建立街道协商议事会”总体工作思路，扎实推进街道协商规范化建设工作。探索形成独具特色的“246”协商工作机制，即街道协商议事组织与合作两个体系、四个街道协商议事步骤、六个街道协商议事机制，并打造协商议事品牌，培育协商议事文化，引导居民主动参与、有序参与街道协商，推进街道协商常态化、制度化和规范化，促使街道协商规范化建设迈上新台阶。[1] 北京市海淀区永定路街道健全民事民决协商机制，建立综治中心“四级”协商机制（街道—社区—网格—楼门），完善社区协商程序、规则、流转机制等，用于解决涉及老百姓的公共性事务。通过畅通群众参与基层社会治理的制度化渠道，动员多元主体参与社区议事，整合多方力量联合办事，以“协商治理”为实践路径，形成了具有区域特色的社区自治新模式。

三是加强多元利益主体权益保障。比如，北京市朝阳区启动实施“社区成长伙伴计划”，通过组建理论专家、社区治理实践专家、专业社会组织、社区协调员等四支力量，以伙伴团队的形式，按照商品房小区、老旧小区、保障房小区的分类，围绕物业管理、环境卫生、居民参与等问题，为社区提供“一对一”“多对一”的专业化服务，不仅解决了小区物业管理难题，还为社区长效治理打下了良好基础。“社区成长伙伴计划”帮助各社区破解了一批困扰多年的难题。麦子店街道枣营北里社区在理论专家指导下，与酒仙桥法庭联合打造“物业纠纷源头治理示范小区”共建项目，通过动漫的形式再现物业管理矛盾冲突和争议，成功化解小区物业管理矛盾12件，帮助物业服务企业完善制度3项，物业收费率从10%上升到93%。大屯街道引入3家专业社会组织，参与万兴苑小区安全隐患整治，促成产权单位、使用主体、物业公司、业委会、居民等各方履行责任，使多年历史遗留问题得到圆满解决。劲松街道劲松北社区引入第三方专业机构参与老旧小区改造，探索形成了“劲松模式”，被住建部和北京市大力推广。

---

〔1〕 参见祝佳祺：《社区大小事协商来解决》，《人民日报》2023年2月3日，第8版。

三、良治类创新：公共服务全域化

一是多方聚力筑牢社区服务平台。《“十四五”民政事业发展规划》中要求：“创新城乡社区公共服务提供方式。”基本社会服务是公共服务最重要的组成部分，主要包括困难群众的社会救助体系，儿童、妇女与老年人服务体系，各项残疾人保障服务体系等，具体是指济困、养老、育幼、扶弱、助残等服务。近年来，社区的基本社会服务供给取得了长足进步，城市社区综合服务设施覆盖率达到100%，农村社区综合服务设施覆盖率84.6%。[1] 社区养老服务基本实现全覆盖，社区社会救助服务站（点）、儿童之家、社区康复服务等机构建设稳步推进，养老、育幼、扶弱等服务走上普惠均等、便捷高效、智能精准的道路。比如，上海市徐汇区于2016年开始在全区试点推广新类型的邻里服务设施——“邻里汇”，由政府主办，以街镇为依托，多元主体参与的共享空间，汇聚了养老、康复、助餐、助浴和社区生活服务等功能，采取项目化运作方式，按照政府购买社会工作服务模式，引入第三方专业机构参与社区基本社会服务。株洲市天元区实施“党建领航·三社联动”社区服务模式创新，推行“三社联动+智能服务”“三社联动+公益慈善”“三社联动+心关爱”“三社联动+志愿服务”体系，实现基本社会服务由社会力量、慈善力量、志愿力量承担。类似的创新探索，还有广州南沙区社区综合服务中心推进社区治理、深圳市坪山新区推进枢纽型社区服务平台建设、重庆上清寺街道实施“三社联动”促进社区服务社会化建设、黄石市铁山区“一盟三制”推动社区事务互动共治等。

二是健全社会力量参与服务供给机制。社会力量参与社区基本社会服务，要在服务提供与需求满足之间需要进行“供给侧”结构性改革，在供需间建立畅通的参与渠道。首先，完善“三社联动”工作机制。推动社区、社会组织、社会工作的融合发展，全面形成以社区为平台、社会组织为载体、社会工作专业人员为支撑的新型社会治理模式，提升社区居民的参与能力、社区服务供给能力、社区文化引领能力、社区信息应用能力、社区依法办事能力

[1] 参见中华人民共和国民政部：《2023中国民政统计年鉴》，中国社会出版社2023年版，第61页。

以及社区矛盾化解能力。其次，加强政府购买服务。建立健全政府购买服务的相关制度，编制政府向社会力量购买社区基本社会服务目录以及具备承接购买服务资质的社会力量目录，积极引导社会力量参与社会治理，鼓励社区社会组织参与社会建设。最后，开展社区公益创投项目。大力扶持社会力量参与基本社会服务的公益创投项目，调动社区社会组织、社会工作者及其他社会力量参与社区建设的主动性、积极性和创造性，撬动社会公益资本。

比如，四川省成都市推行的“社区合伙人”计划，于2020年4月印发实施细则，按照“政府主导、市场主体、商业化逻辑”的思路，构建“多元主体共联、多元平台共建、多元组织共商、多元资源共用、多元服务共享”的新型社区治理机制，推进以契约形式使用社区资源，用商业逻辑提供公益服务、低偿收费服务、市场化经营服务，收益按约定比例进入社区基金，反哺社区公益事业，或企业为履行社会责任而与社区进行公益合作，达到互惠双赢效果。通过创新构建“社区合伙人”模式，成功强化了社区和热心商企等多元主体的合作关系，有效增加了对社区居民的多层次服务供给。

三是夯实社会矛盾纠纷化解能力。近年来，伴随着我国社会经济快速发展，社会利益格局不断调整，社会矛盾纠纷处于高发时期，且呈现出纠纷主体多元化、利益诉求复杂化、纠纷类型多样化等特点。因此，提升矛盾纠纷化解能力对于稳定经济社会发展工作大局、维持社会和谐稳定至关重要。各地在城市治理中注重源头预防、前端化解、多元调处，努力做到“小事不出社区、大事不出街镇、矛盾不上交”。首先，积极运用线上多元解纷平台开展法律风险预警、纠纷调处、依法维权指引、法治宣传教育等工作，形成全区线上解纷合力，促进矛盾纠纷高效化解。其次，加强网格化服务管理、基层执法司法服务与诉源治理的融合联动，建立区矛盾纠纷多元调解中心，整合警调、诉调、检调、治调、政调、访调对接联动机制，以人民群众需求为中心，建立涵盖人民调解、司法调解、行政调解、行业调解的一站式纠纷解决平台，完善“一站式受理、多部门对接”的解纷服务。最后，各地普遍通过设立“党群惠客厅”“邻里亲和室”“调解工作室”等载体，健全提事、理事、议事、评事机制，组织协调矛盾纠纷多元化解力量和社会组织，加强诉源治理，及时高效化解纠纷，切实防止小矛盾激化成大问题，努力做到矛盾不上交、纠纷不出社区。

四、慧治类创新：技术工具智慧化

近年来，全国各地积极在社区治理层面探索运用智能技术手段，智慧社区作为社区发展的一种新样态应运而生，有力提升了基层治理的质量和水平。从实践情况看，智慧治理能够借助大数据等技术的识别、检索、统计、分类等功能为社区治理提供技术支撑，有助于更好地统筹各类资源、发现解决问题、精准匹配需要、快捷服务群众。智慧治理是未来基层治理的发展方向。

一是多维度有效整合基层治理资源。社区在日常工作中沉淀了大量的数据，这些数据表现在人、地、事、物、组织等方面。其中，有关"人"的数据，主要是社区在人口普查和经济普查等专项工作以及入户走访中积累形成的，如社区居民（常住）、流动人口、户籍人口、志愿者、退役军人、楼门组长、选民、文体队伍成员、家政人员、美容美发人员、辖区内直管公房和私房等房屋产权人。有关"地"的数据，主要来源于社区对所辖范围的细致摸排，如辖区情况、物业管理区域、小区范围、地下空间台账、社区危房数据、违建点位数据、辖区内幼儿园、小学数据、文化活动室、社区图书室、便利店。有关"事"的沉淀数据，社区积累最多，一般都会留存纸质或电子版利于工作总结。有关"物"的数据，社区对"物"掌握得比较清楚，如公共区域电子屏、健身器材、宣传栏位置数量、城市雕塑类型数量等。有关"组织"的数据，由于社区经常与辖区各类组织联系，对辖区内社区社会组织、物业服务机构、企事业单位等相关信息也有一定程度的了解。因而，围绕社区工作开展数据加工、数据分析、数据挖掘、趋势预测等，能够让信息化、智能化成为市域社会治理的优势和抓手，实现信息资源整合、运行机制科学合理、工作流程智能改造。

例如，作为全国科技创新中心核心区，北京市海淀区充分发挥科技和人才优势，运用现代科技强化治安防控，加速"城市大脑"建设，以感知网络、智能云平台、大数据中心、AI（人工智能）计算中心为基础，开发灵活的信息交互展示、全量的数据资源调度、智能的分析研判学习等三大能力，重点突出预测预警预防，精心构建"科技＋防控＋防疫＋维稳"新模式，切实提高风险防控前瞻应对和精准应对能力水平，提高了城市社会治理的精细化、科学化、智慧化。

二是赋能优化政务服务水平。“互联网＋政务服务”工作是党中央、国务院的重要决策部署，旨在运用互联网思维，创新服务模式，拓展服务渠道，开放服务资源，以加快转变政府职能，提高政府服务效率和透明度，便利群众办事创业，进而激发市场活力和社会创造力。部分地区运用数字化技术，推广“马上办网上办一次办”“掌上办”“一桌办”等改革，着力解决企业和群众反映强烈的办事难、办事慢、办事繁问题，优化管理服务水平，推动政务服务从供给导向向需求导向转变。

三是助力精准管理、精细服务。数字化管理和智能化运用，可以实现数据的上下联通、有效互动，特别是政府部门向社区推送数据，真正实现数据赋能基层治理。比如，上海以“社区主题数据库”建设为载体，整合相关部门数据、赋能社区治理，构成了数据汇集、共享、推送的基础。社区主题数据以市公安部门实有人口库为基础数据，通过居村干部协助开展人口数据维护，强化社区人员信息动态管理，把社区住房和人口结合在一起，形成“社区云”人房管理的基础数据库。同时，推动“社区云”数据库与公安“一标三实”[1]数据对接，形成权威准确的社区人房数据来源，构成数据共享的基础。还有福建鼓楼军门智慧社区建设、浙江义乌的未来社区建设、北京“一点孝心”社区养老 App、上海“智慧书屋”App 的全面推广等。

从各地实践综合看，智慧社区建设具有赋能、赋权、赋慧三大集成功能，具体表现为以下六个方面的功能。第一，生活服务便利化功能，推动社区电商服务发展；第二，社区管理与公共服务信息化功能，促进社区公共服务落地；第三，居家生活智能化功能，推动社区物管服务发展；第四，社区管理智能化功能，促进社区安全服务发展；第五，养老服务现代化功能，完善社区养老服务功能；第六，监管与保障功能，搭建社区运营管理平台。[2] 总体而言，智慧社区在整合统筹资源配置、推动精细化管理、优化服务水平等方

---

〔1〕“一标三实”指标准地址，实有人口、实有房屋、实有单位。

〔2〕参见刘建平、杨磊：《智慧社区建设的体系架构 现实困境与推进路径》，载《信息技术与经济管理应用》2022 年第 1 期，第 47－58 页。

面优势明显，是近些年城乡社区创新探索的重要领域。

第三节　农村治理创新发展趋向

近年来，各地全面推进党建引领基层社会治理，持续增强社区治理效能，激发基层自治活力，着力构建了党领导下的共建共治共享新格局，为加快推进基层治理体系和治理能力现代化建设提供了经验借鉴。

一、坚持党建引领，提升组织力

党建引领作为社会治理体系的首要内容，是社区治理创新的重要基石。各地紧紧抓住党建引领，以基层党组织建设为依托，以居民实际需求为方向，切实创新农村社区治理机制和体系。

一是加强基层党组织建设，选优配齐干部队伍。基层党组织队伍是基层社会治理的关键所在。各地加强基层干部队伍建设，通过选好领导班子、党员示范带头等方式，协调各方主体利益，推动农村社区治理的规范化、系统化。比如，安徽省铜陵市义安区全面实施农村党组织标准化建设，通过扎实推进“三三制”工作法，创新党组织设置形式，采取区委常委联村、区直部门包村、乡镇干部到村、选派干部驻村等“四位一体”帮扶机制，一村一策、集中整顿攻坚后进村党组织。结合村“两委”换届工作，义安区多渠道加强基层党组织建设，配套实施后备干部“三百”培养计划，并通过明确奖惩措施激发村干部积极性。充分发挥党员干部的模范带头作用，引导社区党员积极参与文明创建、铲雪除冰等活动，通过党员带动居民参与志愿服务。义安区将党建工作融入社区治理的方方面面，坚持以党建引领扶持壮大村级集体经济、盘活既有资源、推动环境整治，初步探索出“党组织 + 企业 + 合作社”等党建创新模式。

二是聚焦居民实际需求，提升农村社区服务水平。治理创新的根本目标在于切实满足群众诉求，提升其幸福感和获得感。以居民需求为引领，以党建引领为核心抓手，因地制宜地推进基层治理工作，已成为新时代乡村治理的鲜明导向。比如，广西扶绥县直面集体经济薄弱的现状，将党建与脱贫攻坚深度融合，充分发挥基层党组织的坚强战斗堡垒作用，不断激发各村自我发展的内在动力，不断促进扶贫工作与农村党建工作的良性互动与循环。在此基础上，扶绥县还依托其得天独厚的区位优势，以党旗为鲜明旗帜，引领"电商+产业联盟"的合作模式。通过发展现代农业，推动农业产业实现创新发展，并进一步强化"党建+一户一薪"的制度保障，有效拓宽了村民的就业渠道，助力村民脱贫致富，迈向幸福生活。

三是依托党建引领"三治"，打造乡村治理新格局。基层党组织作为社区治理的核心，在整合现有资源、调动多方参与等方面具有独特优势。许多地区以党建为抓手，积极搭建"时间银行"、道德讲堂、法律援助室、矛盾调解室等平台，发挥社区、社会组织、社会工作专业人才的作用，不断探索以自治为核心、法治为保障、德治为支撑的"三治融合"现代治理体系。例如，浙江省平湖市深入探索并实践"党建+"模式，以党建为引领，致力于构建基层社会治理的新格局。通过不断健全党建引领机制，促进自治、法治、德治"三治"深度融合，凝聚干群力量，实现共建共治共享。在此过程中，该市积极传承与弘扬先贤陆稼书的"无讼"思想，将党建引领与"三治融合"紧密结合，推动社会治理创新。同时，平湖市遵循"就近就亲就便"的原则，在每个治理网格内精心挑选若干党员，设立党员中心户，构建起密切联系群众的桥梁。每个党员中心户负责联系 5 个至 15 个农户，确保党的声音和关怀能够传递到每一个基层角落。

二、坚持产业发展，激活驱动力

产业发展作为农村社区治理的重要支撑，是实现乡村振兴的必要环节。为做好农村社区治理的基础性工作，部分地区紧抓产业发展，通过脱贫攻坚、村企共建、科技支撑等多种渠道力争实现农业强、农村美、农民富的目标。具体做法如下：

一是壮大集体经济，实现农民增收。部分农村地区根据各地经济状况和基础条件，依托对口帮扶、易地搬迁、"网络扶贫行动计划"等多渠道方式脱贫攻坚，有效壮大村级集体经济。例如，浙江省平阳县昆阳镇上林垟村把粮食生产作为主导产业，建立新型“庄稼医院”，引入“中农在线”服务平台，通过省农业专家统一技术指导，把稻田的“金色”绘成共同富裕的“底色”；同时，紧跟数字化浪潮，注册“上林垟”粮农品牌，对水稻、菜籽油等农产品进行统一收购、统一销售，引进农村电商，让农产品搭上了数字化营销“快车”。村集体以资源、资金入股，推动菜籽油加工房、现代农业综合服务中心、端午非遗基地等一批项目先后落地。再如，贵州省安顺市经开区宋旗镇结合各村优势和农户实际，以“三权”促“三变”为主要抓手，依托各村支部领导下的旅游公司、农民专业合作社，通过产业脱贫、就业脱贫、困难救济、教育帮扶、法律援助、低保兜底等方式实现脱贫，为农村社区治理打下了坚实基础。

二是坚持村企共建，实现互利共赢。激发社会活力是社区治理创新的重要内容，社区治理离不开社会资本的支持。尤其是农村产业经济发展、城镇化进程中，通过村企共建完善社区基础设施、提高经济水平，从而推动农村社区治理有效开展。四川乐山市沙湾区自 2016 年起开展“村企共建”的相关实践，各乡镇在依托现有企业、产业的基础上，广泛吸取成功人士、区内外企业、村民和返乡农民工积极参与村企共建，落实农村社区住建单位共建责任，与社区签订共驻共建协议，实现了村集体经济有效发展。沙湾区在村企共建的基础上，加快建设“五方共治”机制，实现村级党组织，村委会，企业、社会组织，村民的有效融入，采取“合作社 + 公司”模式，实现经济合作社全覆盖，推动了人才、土地、资本等要素在城乡间双向流动和平等交换，激发了乡村治理的内在活力。

三是创新发展模式，打造特色品牌。为推动农村社区发展和经济转型升级，部分地区以探索农村产业发展模式为重点，通过加大政策、资金、技术等投入力度打造特色品牌，提高产品附加值。例如，安徽巢湖市按照“一村一品”和“一户一特”的思路打造“三瓜公社”，围绕民俗、文化、旅游、餐饮等多个领域，通过实施“互联网 + 三农”，积极探索农村电商、农旅结合、乡村建设的休闲农业发展和美丽乡村建设新模式，走出一条乡村振兴的绿色发展道路。

三、坚持生态宜居，提高承载力

生态宜居是实现乡村振兴的关键，是农村社区治理工作得以开展的外部基础和重要抓手。实现生态宜居既包括对农村社区自然环境的整治，也包括治安、公共空间等人文环境的治理。

一是加强环境整治，推动美丽乡村建设。环境整治工作具有高度的系统性和长期性，为确保农村社区环境得到全面整治与提升，各地积极采取有力措施，深入推进此项工作。首先，各地县委、区委统一部署，提前谋划，制定农村环境治理专项方案。比如，上海崇明区在部分村先行先试的基础上，形成了《环境整治专项行动方案》，重点开展清理杂物、清除垃圾、整治乱搭乱建等六方面的行动。其次，完善运行机制，细化分工。深入推进垃圾分类精细化管理，配备保洁员队伍维护农村社区环境，制定奖惩措施，完善环境整治保障机制。通过党员示范、十户轮值等制度，调动居民参与环境治理的积极性。最后，突出地方特色，建设美丽乡村。部分地区以环境整治为基础，在改善环境卫生工作中打造特色村庄，将环境治理与生态产业、农村社区治理相融合。河南禹州市立足各村风貌特色，按“先进村、美丽乡村、美丽乡村群、美丽乡村群示范区、美丽禹州”逐级提升的“五步棋”战略，优先打造了现代生态农业示范村、矿山修复转型发展示范村、山村旅游示范村等一批各具特色的美丽乡村。

二是完善服务设施，加强公共空间建设。推进农村社区综合服务设施建设，推动农村社区公共空间建设和运行机制创新是乡村治理创新的重要内容。近年来，通过中央和地方的共同努力，民政公共服务设施的面貌有了显著的变化，设施条件明显改善，服务能力有了显著提升。同时应当注意到，由于民政公共服务设施历史欠账太多、设备设施陈旧老化，民政公共服务设施仍然是制约民政事业发展和提供公共服务的瓶颈。为此，各地积极完善农村社区服务设施，重建、扩建党群服务中心、村委会、警务室、文娱活动室等公共场所。比如，2016 年，湖南省平江县政府印发了《平江县农村综合服务平台建设工作方案》，要求全县有建设需求的乡镇和行政村完成农村综合服务平台建设任务。农村综合服务平台建设内容简称为“七室一厅”，包括党建服务设施、便民服务设施、文体活动设施、农业服务设施以及医疗服务设施等内容，功能涵盖了村“两委”办公场所、党建活动场所、政务和公共服务，户外活动广场、图书阅览、健身休闲、农技推广和卫生保健等各种需求。从建设规模上来看，乡镇级综合服务平台面积按照600—800平方米、建制村按照300—500平方米标准建设，由县里统一设计、统一建设、实施“交钥匙工程”，所需资金由政府贷款、省级预算补助和各对口部门涉农资金整合使用解决，注重多元投入，加强质量管理，在民政基层服务设施建设上取得了显著的成效。

四、坚持乡风文明，增强凝聚力

乡村振兴，乡风文明是关键。培育乡风文明不仅是乡村振兴的重要组成部分，而且在全面建设社会主义现代化国家的过程中起着基础性的作用。同时，乡风文明也是实现农业现代化、提升农村经济效益的重要条件。只有通过培育和弘扬文明乡风，才能使乡村社会更加和谐稳定，为乡村振兴提供良好的社会环境。

一是加强农村移风易俗工作。移风易俗工作是乡风文明建设的基础内容，需要处理好群众主体与政府引导的关系、柔性推进与硬性规定的关系。首先，明确群众的主体地位与政府的引导角色，可借助政策叙事催生新的中间组织与新的文化阶层，正向作用于公共领导力，进而改善移风易俗的集体行动能力。比如，对于宗族异质性较低的农村地区，借助基于地缘、血缘的宗族力量，促进移风易俗；对于宗族异质性较高的地区，要加强民主管理，加强乡贤理事会、红白理事会等民间组织的力量，加大宣传引导力度，发动社区网格员、志愿者、党员干部等人员宣传文明乡风、良好家风；对人口规模小、村民受教育程度低的地区，要赋予民众表达移风易俗观点的有效渠道，防止因表达渠道困难而陷入沉默的抵抗，同时利用公共空间，宣传弘扬社会公德，倡导文明新风。其次，处理好柔性推进与硬性规定的关系。移风易俗治理既需要一些硬性约束，更需要利用柔性的政策叙事将治理嵌入地方制度环境之中，这就需要推动区域内集体选择多层次社会资本增量与多样化。推动基层治理单元下沉，以自然村为基本单位，构建村级治理的微型组织架构。针对难以协调的社会事务，首先在自然村内部协调解决，通过红白理事会、村民议事会、乡贤理事会等组织载体，吸纳村民参与村级决策过程，从而凝聚社会资本。

二是完善农村道德建设体系。建立完善农村社区道德体系是乡风文明的重要组成部分，应充分调动村民积极性，将道德建设纳入村规民约，通过评奖选优、奖惩得当，与居民切身利益直接挂钩，提高居民重视程度。例如，杭州市萧山区河上镇众联村制定“和善村民、和美家庭、和睦邻里、和煦村庄、和谐社会”的“五和众联”村民通则，涵盖 10 条通则、30 条加分项、20 条减分项。主要有三大亮点：第一，引入第三方评议组织。以多主体参与为前提，对村规民约实施过程中出现的矛盾、意见不合等现象进行仲裁，同时村民也可以通过仲裁小组表达自己的声音；设立现场评议小组，对村规民约的奖惩措施进行现场评议，现场评议小组成员中可包括上年度积分高的村民，形成既是村规民约的实施主体，又是村规民约实施的客体的循环机制。第二，推行村规民约的网络办公与网络推广。积极开发村规民约办公网络平台，保障事件上报的时效性、村规民约信息的公开性、乡村治理的智能化；同时可以充分利用网络平台、App 模块、公众号等网络资源，对规约实施的成效性进行宣传推广。第三，积极探索积分制激励措施。引入社会资本支持村规民约建设，将村规民约的量化结果与市场化机制、个人信用机制挂钩，积分高的村民不仅可以兑换商品，还可以享受信贷服务。

三是发掘创新特色乡土文化。乡风文明是继承传统、推陈出新的过程，发掘创新传统文化是坚持乡风文明的重要举措。应传承中华优秀传统文化，着力挖掘具有农耕特色、民族特色、区域特点的文化传统，在推动移风易俗的同时，推动地方产业发展，将文化资源转化为产业资源和治理资源。例如，浙江省东阳市通过修缮古建筑，创建旅游景区村庄，将文化优势转化为发展优势。重庆市大足区精心挖掘世界文化遗产大足石刻中的婚姻家庭文化，通过唤起、传递集体记忆，弘扬善良、和睦、美满的婚姻家庭观念。

五、坚持村民参与，助推自治力

公众的广泛参与是社会治理体系的核心组成部分。村民的积极参与不仅是乡村治理工作的动力源泉，也是确保治理成效得以实现的关键因素，直接反映出社区的活力和凝聚力，同时也决定了治理工作能否真正符合居民的需求和期望。

一是优化治理单元，推动居民自治建设。以农村社区为基本单元，推动群众自治机制建设是全国农村社区治理实验区创建的重要内容之一。部分地区根据自身实际，调整优化农村社区治理单元，不断推动治理和服务下沉，努力打通农村社区治理的“最后一公里”。例如，广西钟山县在自然村一级组建党群理事会，开展自然村（屯）的“微治理”模式，充分发挥居民的主体作用，调动居民参与农村社区治理的内生动力，助推乡村振兴。湖北秭归县结合山区农村产业类型，按照“地域相近、产业趋同、利益共享、规模适度、群众自愿”的原则，以50户左右、1—2平方公里地域范围划分村落，并设置“两长八员”发挥群众自治作用，形成以“村党组织—村落党小组—党员”为主线、以“村委会—村落理事会—农户”为轴线的“双线运行、三级架构”模式，不断推动居民参与社区治理。

二是畅通参与渠道，坚持线上线下相结合。近年来，科技支撑在社会治理中发挥的作用越来越突出，科学技术逐渐应用于社区协商、事务监督、活动参与等方面。随着农村社区信息化设备逐渐普及，居民参与农村社区治理的渠道由传统方式逐渐发展为线上线下相结合，互联网技术在社区治理中的应用范围日益拓宽。山东省招远市积极搭建集政务服务、公共服务、生活服务、生产服务四位一体的多功能服务平台，以民生服务中心为依托，建立集窗口服务、电话服务、网络服务于一体的农村社区公共服务综合信息平台，制定全市统一的“1+94”农村社区公共服务事项清单，将大部分能在市直部门、镇街办理的行政审批、社会保障、卫生计生等服务事项纳入“两张清单”，全面推行首问负责、限时办结、全程代办等制度，着力推动公共服务下沉。

六、坚持科技支撑，加强支撑力

党的十九大以来，习近平总书记提出“实施国家大数据战略加快建设数字中国”等重要命题。现代科技融入社区治理成为未来发展的必然趋势。新兴技术具备特殊的优势，可以实现对社区民众需求、社区治理风险等要素的精准化捕捉，从而推动社区治理模式和手段的创新。技术赋能社区治理要求充分发挥大数据、云计算等先进手段，利用数据进行高效的决策辅助和科学的行为引导。同时，新兴技术的应用也使得“智慧社区”“万物互联”成为可能，既能更好地满足社区民众公共服务需求，还能实现跨空间的多主体治理行动协同。因此，推进基层社区治理能力和治理体系现代化、实现基层善治，必须做到科技支撑与社区治理的有效匹配，实现价值理性与工具理性并重。

技术赋能社区治理，主要体现以下三点。一是科技赋能拓宽了“需求端”的表达渠道。这一变革有助于精准地掌握个体需求，实现了对服务需求的准确量化，促使多元主体能够根据自身需求，更加高效地向政府部门传递治理意见与决策信息，提升社区治理的科学化、民主化水平。二是科技赋能提升了“供给端”的服务能力。新技术的应用使得政府能够更有效地感知民意，借助大数据手段对服务需求点、多元矛盾点、治理风险点进行精准把控，实现社区公共事务治理的端口前移。三是科技赋能增强了多元主体的协作能力。通过大数据共享平台，社区多元参与主体能够实时了解治理场域和治理环节的各项内容，进而在推动资源整合的基础上，实现人财物的精准匹配，提升各治理主体间的高效协同水平。

第六章　基层治理创新的多重挑战与现实困境

在基层治理创新持续开展的同时，部分地方的创新实践出现“目标替代”的问题，使得“创新”本身成为治理的核心目标。这种现象导致基层治理的亮点和品牌层出不穷，但治理绩效却呈现出资源投入与治理产出不对称的边际递减效应，即随着创新的增多，治理效果并未得到实质性提升，反而可能有所下降。这种过度追求创新而忽视实际效果的做法，使基层治理不可避免地陷入内卷化困境，本章将对基层治理中“伪创新”“微创新”“唯创新”等现象进行归纳，对“创新论”引发的多种挑战与困境展开讨论。

第一节　创新动力与治理资源的错配及其形式

地方政府创新动力与基层治理资源如何配置、是否适配、是否错配等成为影响基层治理创新成效的关键变量。理想状态下，地方政府创新能力与基层治理资源适配将会产生良好的基层治理创新成效，即地方政府结合治理资源的实际存量实现辖区内的有效治理并形成制度化安排，构建出行之稳定、长期有效的地方化治理模式。但现实中，地方创新动力与治理资源完全适配并不多见，通常情况下，地方创新能力弱或强与治理资源存量丰富或较为匮乏互相匹配，形成四种理想类型下的形态，并分别引发不同样态的基层治理创新的问题。

一、治理资源充足，创新动力强劲

地方政府的创新动力往往来自晋升锦标赛的直接动力机制以及主政官员

自身偏好认知下的主观动力机制。一般而言，基层治理创新往往始发于治理资源较为充足且地方政府创新动力较强的地域，源于地方政府可以回应社会一维治理的现实需求，并且可以有效动员与整合政府资源存量，如政府网络中的专家顾问、智库力量等，以及社会内生性的治理资源，如民情民风、村规民约、社会自治的传统等。在此基础上，一方面实现基层治理的机制扩容，如培育党建引领的治理平台、强化政府的服务属性、有效吸纳社会组织、积极总结基层自治经验；另一方面通过政策话语的创新与包装成功树立起地方治理的品牌效应，形成地方性的独特治理模式。

在激励结构之下，地方政府创新动力强劲也使创新实践具有溢出效应，地方政府不仅仅满足于辖区内的治理创新模式的探索与打造，更会将其视为同级政府横向竞争的关键筹码，争夺更大区域内的政策的示范性与“合法性”。县级治理创新的成功实践往往希望跃升成市级的政策安排，而市级经验也希望被主政官员上升为省级的政策安排，其最高的诉求就是推动治理创新的实践被纳入制度体系。

“双强”形态下的基层治理创新实践往往对于地方治理现代化水平的提升具有增益效应，但其最大的问题源于其是否能够持续。以“中国地方政府创新奖”获奖项目为例，从 2000 年到 2016 年共评选出 160 多项创新项目，仅仅不到 10% 得到持续和扩散。[1] 其难以持续的原因是多方面的。

首先，基层治理创新究竟获得了何种层级的示范效果或是“合法性”将会直接影响治理创新的存续，如若县级治理创新获得了市级甚至省级的示范效果和合法性授权，则将会长期持续，即使继任者更替也可能在现有模式下实行增量改革，但这样的成功案例实在少之又少，绝大多数地方治理创新难以被上升到更高层级的政策议程之中。

其次，地方创新动力强劲极大程度代表着主政官员的“有为”与对政绩的强烈诉求，在现行的条件下，横向府际竞争与锦标赛体制的外在结构性约束会激发地方官员展开政绩竞赛，产生的情况往往是地方官员采用运动式治理的逻辑快速树立地方治理的品牌效应，虽然产生了一定的治理成效，但由

---

〔1〕 参见郁建兴：《“三治融合”的持续创新》，载《治理研究》2020 年第 6 期，第 8－11 页。

于需要投入大量的资源而往往不可长期持续，或是随着主政官员升迁或是职位调动，其继任者为了创造带有本人鲜明标识的政绩，“萧规曹不随”“新官不理旧账”等现象的出现使治理创新中断。

二、治理资源不足，创新动力过强

治理资源不足而创新动力过强，易诱发基层治理创新的形式主义、“伪创新”等，最终导致基层治理创新陷入“内卷化”“认知内卷化”“形式主义”等困境。

近年来，在中央政府的高位推动下，基层治理创新成为地方政府新一轮博弈的新的政策增长点。在横向府际竞争、晋升锦标赛体制、激励强度等外在结构性约束不变的情况下，创新动力过强的地方官员极大概率会出于政绩与晋升诉求，积极参与“创新擂台赛”。但是，受制于治理资源的有限性，如财政能力、智库资源、社会自治力量等，地方政府往往难以实现对现有治理机制的扩容，而只能诉诸政策话语的发明创造、“新瓶装旧酒”等制造概念。特别是在现存治理创新评价评估机制不健全的情况下，地方政府提出某些“响亮”的口号或概念，更容易吸引上级政府的注意力，获取印象政绩，甚至引发上级领导注意力本身也成了“政绩”。[1]

于是，创新很容易走入误区，产生大量“有面子无里子”的浅表式创新、“有想法无行动”的空想式创新、“有开头无结尾”的非持续创新、“有盆景无风景”的亮点式创新。[2] 如，近年来基层治理“创新”实践中层出不穷的“1+2+3+N 工作法”、各种冠以不同前缀的各种治理模式以及治理平台涌现。人民智库发布的《当前基层干部干事创业动力与信心调查报告》，揭示了超过六成的受访基层干部认为基层治理中“伪创新”现象频生，使得基层治理创新陷入了“伪创新”形式化误区，同时耗散了大量治理资源。例如，一些经济基础较为薄弱、老龄化程度较深的县区积极推动的综治中心，甚至一

[1] 参见陈科霖、谷志军：《多元政绩竞赛：中国地方官员晋升的新解释》，载《政治学研究》2022 年第 1 期，第 117－128 页。

[2] 参见姜晓萍、吴宝家：《警惕伪创新：基层治理能力现代化进程中的偏差行为研究》，载《中国行政管理》2021 年第 10 期，第 41－48 页。

个县区存在多个平台，平台之间彼此数据不同，难以流转，甚至平台之间相同的数据类别中的数据都存有差异，给基层工作人员带来了极大困扰。[1]

三、治理资源充足，创新动力不足

创新动力不足，但治理资源丰富，容易产生强规制路径下“治理创新的制度同型”，即创新动力不足的地方政府，在遵从组织合法性逻辑的基础上，高度模仿其他地方政府的创新做法。治理创新的制度同型，容易造成形式大于内容、创新制度悬浮等后果。

地方政府创新动力不足有两方面原因：一方面，在中央与地方的关系架构中，如何在一统体制之下实现有效治理，需要地方政府结合治理资源禀赋，科学谋划与决策，从而完成中央政府的“行政发包任务”与所管辖区域内的有效治理的结合，在此过程中，地方政府注意力分配成为应对双重压力、晋升锦标赛等问题的关键力量。地方官员会将注意力分配至更有利于职业晋升的领域，如若社会治理创新不在其注意力分配的视域内，会导致创新的内驱动力不足。另一方面，随着问责机制的不断强化，部分官员因害怕犯错而将“不出事”作为最高原则，避责心态、懒政现象、“平稳着陆”等也成为阻滞了基层治理创新的动力生产。

在基层治理创新的实践中，已经出现了“连片创新”现象。“连片创新”中基层政府实质构成了一个以治理创新作为主导制度逻辑的政府组织场域，身处其中的政府组织在组织合法性的要求下，需要与组织场域内的主导制度逻辑产生同型。在此压力之下，虽然地方政府治理创新动力不足、注意力分配不足，但由于其内部治理资源较为丰富，如财政情况好、智库资源多、数字化建设基础好，也会在强规制路径下快速实现制度趋同，以调适上级政府以及组织场域所带来的制度压力。

另外，治理资源的丰富也不仅仅局限于政府可动员的内部资源。同样该类型的区域社会活力往往较强，社会一端对于基层治理创新的诉求仍然很强，

---

〔1〕 参见贾晓芬：《当前基层干部干事创业动力与信心调查报告》，载《国家治理》2020年第2期，第2-9页。

大量的社会组织、公益组织，甚至是乡村宗族力量参与其中，试图调整现有的体制机制。因此，在治理体制固定、机制拓展的情况下，如何形成有序的社会共同体，也同样倒逼创新动力不足的地方政府采取制度同型的方式，通过借鉴组织场域内的制度安排，消解治理风险。但由于基层社会的治理问题往往表现出高度复杂性、粘连性、连锁演化等特征，制度同型下的治理创新移植有较大概率出现“水土不服”现象，最终诱致基层治理创新的“行政有效、治理无效”。

四、治理资源不足，创新动力不足

在部分区域，创新驱动力与治理资源基础均显露出薄弱态势，此现象常见于地方财政支撑能力受限、社会自我治理力量发展不充分、社区面临空心化等情境，此类状况易于诱发在规制力度较弱背景下的制度演变，进而催生基层治理创新过程中的制度同型化现象。

值得注意的是，这种制度同型与基于强大规制力量推动的制度同型存在显著差异。在资源相对弱势地区，制度同型更多源自中央政府层面的顶层规划与高位驱动，旨在通过整体性制度变迁来实现治理创新的深度革新。地方政府，作为上级政策的重要执行者，虽被纳入治理创新的政策部署之中，但由于其治理资源相对匮乏，加之制度惯性、路径依赖等结构性因素的深刻影响，使得此类制度引入与变迁的进程显得尤为缓慢与复杂。

在该路径下，基层治理创新展现出双重效应，既蕴含积极面向，亦伴随潜在挑战。其积极之处在于，即便在规制相对宽松的环境下，制度同型依然能够激发地方治理创新的活力，推动治理体系向现代化迈进。然而，不容忽视的是，若制度与区域社会基础之间存在脱节，则可能引发治理创新的虚化与悬浮现象，即创新举措难以有效落地，成为空中楼阁。具体而言，以老龄化严重的社区为例，若盲目推进数字社区建设，可能因忽视老龄群体的特殊需求，将他们置于信息孤岛与技术鸿沟之中，进而被治理体系边缘化。同样，在财政资源紧张、技术治理能力尚显薄弱的地区强行推广数字化治理平台，不仅会面临平台实际应用中的诸多障碍，还将在后期维护、治理成本等方面产生高昂代价，最终可能导致事倍功半、效果不佳的局面。

第二节　基层治理创新面临的现实困境

正如有媒体调查发现，当前基层社会治理创新中出现“造词式”创新、“复制式”创新、“亮点式”创新等“伪创新”现象。所谓“造词式”创新，是把一些平常的工作改头换面，按个新的名词，就号称创新；所谓“复制式”创新就是简单模仿其他领域或地区的做法，如随着“河长制”“林长制”的流行，一些地方出现了各种“长”，治理马路有“路长”，负责环境有“环长”，综合治理有“综长”等；所谓“亮点式”创新，就是形式上的创新，村里的村史馆建得“高大上”，迎检多次被夸“新颖”，却常年闭门不对老百姓开放；党建展板“琳琅满目”，楼梯、走廊贴得到处都是，内容却华而不实，只顾“上墙”却不入心。〔1〕这些形形色色的“伪创新”只是片面追求标新立异和“博出彩”，而并没有真正面对百姓的需求和实践的症结，不仅不利于问题的解决，还徒增了基层的负担，破坏基层政治生态。

一、形式化困境

《半月谈》曾刊发《“速成典型”“盆景典型”在冒头》一文，指出“盆景典型”和“速成典型”的做法至今仍在部分地方盛行。〔2〕少数地方在推进工作时，依然存在以应付上级检查为目标的短视行为。一旦检查结束，相关的投入便迅速减少甚至中断，导致前期精心打造的“盆景典型”迅速衰败，最终演变成无人问津的“乱摊子”。这种只注重表面形象、忽视实际效果的做法，不仅浪费了人力物力，也损害了党和政府的形象。同时应当注意到，随着 GDP 考核指标的逐渐淡化，部分地方和部门把经验效果作为突出政绩的捷径，希望通过经验总结和工作亮点引起上级领导的关注。在此影响下，“包装

〔1〕参见朱昌俊：《基层“伪创新”：只顾上墙却不入心》，载《中国青年报》2022 年 4 月 22 日，第 8 版。

〔2〕参见周楠、李雄鹰：《“速成典型”“盆景典型”在冒头》，载《半月谈》2018 年第 17 期，第 28－29 页。

文章”、“亮点”工程、“典型”案例应运而生，“材料论英雄”“计划当成绩”的苗头逐渐出现，这种“穿靴戴帽”式的包装文章不仅无法真正反映工作实际成效，反而危害极大。

创新形式化是我国治理创新中最普遍的困境，尤见于各类组织创新、机制创新中“换汤不换药”“换牌子不换人”等现象，这类创新实践往往浮于表面，无法直接回应具体问题，更无法构成对政府合法性的切实构建。长此以往，纸面创新没少设计，治理资源没少投入，治理效能却不见提高。造成此种状况的因素主要有三个层面：目标设定机制的不足、被动的民意收集机制以及治理资源的匮乏。

（一）目标设定机制的不足

由于缺乏创新纠偏机制，导致创新目标设定与基层社会需求的错位。当前，创新目标的设计源自顶层的宏观规划和设计，缺乏对基层面临的社会需求的充分、细致地考量。因而，创新目标设定往往是对民意的抽象化和简单化，忽略了具体的社会情境的复杂性。

基层治理创新面对的整体性困境是由学习型、模仿型创新走向探索型、问题型创新的过程中，缺乏对探索过后的评价纠正机制。“创新”竞争中必然存在的求新求异为例，在过程考核为导向的激励环境下，提升同级政府间竞争力的发力方向就会向着形式化的方向发展，如果某项“创新”举措不是由该地方政府最早提出，那么必然要在类似的创新举措上有所突破和改变。[1]追求差异的逻辑使得基层治理中的创新活动也难免陷入形式化泥淖，形式逻辑被放大，而价值逻辑被弱化。[2]更为吊诡的是，因为缺乏有效的政策评价手段，这些突破和改变往往需要基层政府自己来论述，即在创新活动的过程中，基层政府往往同时兼任了“运动员”与“裁判员”的角色。基层政府既需要开展创新，又要在向上汇报过程中论证自己创新的独特之处，以获得上

〔1〕参见何艳玲、李妮：《为创新而竞争：一种新的地方政府竞争机制》，载《武汉大学学报》（哲学社会科学版）2017 年第 1 期，第 87－96 页。

〔2〕参见付建军：《作为治理创新的基层协商民主：存量、调适与内核》，载《社会主义研究》2020 年第 6 期，第 126－133 页。

级的认可。那么，这些评价自然便会刻意地忽略创新中存在的不足，也缺乏对不足的纠偏动机。可以说，我们能够从各类汇报和展示中看到基层政府创新的成果，看到基层开展创新的价值，却并未有效构建起分析、化解问题的机制，便难以判别创新是否切实提升了治理效能，更难以发现创新存在的问题。

（二）被动的民意收集机制

形式化的另一重表现是基层政府独自创新，这凸显了其对辖区内社会诉求的掌握不足。这种不足表现在两方面上，一方面是创新在设计上就未能充分掌握民意的要求，另一方面则是未能及时收集民意的反馈。这很大程度又回到了社会治理领域公民参与的问题之上，其代表便是各类议事协商机制的创新。当前少数协商机制的民意收集和反馈机制薄弱，其本身是以民意扩大为目的的协商创新，在缺乏民意表达的情况下无法有效实现运行，而无法有效运行的协商机制又反过来进一步遮盖了民意表达的不足，导致该协商机制的不足无法被有效反馈，继而无法推动协商机制的进一步改进。

因而，当前的基层创新实际上是许多与基层实际需要关联度不大的要素被不断强化，由此呈现形式主义创新的特点[1]。参考当代经济组织的创新实践不难发现，在目标群体自身表达能力、表达欲望不足的情况下，若想实现创新就需要主动式的需求和意见收集。在如今很多互联网企业中，其用户研究的作用便在于此，其旨在尽早地发现需求，预先改进产品。因而，在探索型创新过程中，主动的探索机制的构建是极为重要的。

（三）治理资源的匮乏

除了主观因素的考量，客观因素亦在创新形式化现象中占据重要地位。在“晋升锦标赛”的竞争背景下，创新作为治理策略的选择项，往往未能得到直接的财政和人力资源支持，导致基层执行时面临困难。然而，实质性的

---

〔1〕参见黄晓春、周黎安：《“结对竞赛”：城市基层治理创新的一种新机制》，载《社会》2019年第5期，第1-38页。

创新往往涉及不可预测的投入，一旦失败，可能还需额外成本来弥补损失。基层政府在无配套资金的情况下，除非本身拥有充足的资源基础，否则不会轻易尝试实质性的创新。当形式化的创新能够满足上级考核要求时，基层政府更倾向于选择成本最低的创新策略。即便考核体系有所调整，由于资源限制，基层政府仍可能继续采取形式化创新作为应对策略。因此，在制定创新的激励政策时，必须充分考虑基层政府的实际情况，确保目标规划既符合其能力范围，又能有效提升治理能力。

基层治理创新所呈现的形式化问题，根源在于对根本动力机制的忽视与过度简化，加之考核体系往往以过程替代结果，由此产生形式大于内容的结果。在治理资源相对匮乏的背景下，基层在创新过程中采取的形式化策略，实则是面对创新竞赛压力与考核要求的无奈应对。因此，要有效化解这一困境，关键在于强化根本动力机制，提高目标转化的精准度，同时制定符合基层实际情况的评价和考核指标，推动基层提升有限资源的使用效率。

二、可持续困境

基层治理创新的持续难题亟待我们正视与回应。在基层治理创新的实践中，不难发现，“人亡政息”“昙花一现”“烟花一瞬”的现象时有发生。如何引导基层政府持之以恒地推进创新活动，确保某一领域内的创新能够深入持久地进行，已成为摆在基层面前的棘手问题。在讨论创新持续性问题时，我们必须清晰地界定并区分创新持续过程中的各种悖论，以确保我们的工作方向正确、措施得力。

当前，关于创新持续性的困境存在两层误解。首先，需要明确的是，并非所有创新都应无限期地延续。基层治理创新的成功往往基于其能够针对特定时期的问题提供有效解决方案。然而，当社会环境、组织环境、制度环境发生显著变化时，原有的创新可能无法对新形势做出有效响应。因此，我们需要寻求新的创新方式以替代旧有的模式，从而不断提升基层政府的治理能力。这正是创新持续性的核心所在。有时，具体创新机制的暂时中断，并不意味着创新的停滞，反而可能是创新持续发展的体现。特别是在迭代性创新中，虽然表面看似原有创新被替代，但实质上却是创新向更深层次发展的体现。

其次，我们需要警惕形式化创新的遮蔽。在政绩竞赛的压力下，当前许多创新活动过于追求形式而忽视实际内容的变革。这种现象在成功创新机制中尤为明显。后继者虽然意在创新，但往往因认识到原有创新的成功而选择简单复制和包装，以此作为自己的政绩。虽然这种做法增加了不必要的包装成本，但机制延续所带来的实际效益可能更为显著，甚至避免了盲目探索的风险。因此，在讨论创新延续问题时，我们必须清晰区分创新的真实性与形式性。

究其本源，这种不可持续性源于激励效应与社会需求有限性之间的张力。激励机制作为创新的助推器，短期内能迅速激发根本动力机制中蕴藏的创新潜能。然而，这种助推效应存在双重局限：一是无法替代根本动力机制来创造真实的合法性，一旦失去根本动力源泉，其驱动力将难以持续；二是方向往往较为单一且固定，可能导致资源过度集中于某一方向，而忽视其他领域。因此，直接动力机制中被忽视的关键环节——目标机制的设计显得尤为重要，它直接关系到直接动力机制能否长久有效地发挥作用。当前，目标设定与激励机制紧密相连，但过去对目标本身的分析尚显不足。从功能上看，目标机制是根本动力机制抽象合法性要求的具体化过程，此过程需与根本动力机制紧密结合，并精准地识别和转化其内在要求。

然而，在实践中，由于目标机制往往与激励机制高度结合，常常忽略了其发挥的关键作用，以及当前目标机制的严重缺陷。既有研究指出基层治理创新中目标设定的导向模糊、指向多元、灵活性差等问题，但往往将其与激励机制混为一谈，缺少对目标机制影响的独立分析。当前的困境在于，旧有的激励机制的边际效应已然显著，“创新神话”[1]已然形成，缺乏对创新模板化、分散化现状的改进动力。此时，若只是一味强调创新，只能使得内卷化加剧，伪创新、形式创新问题越发严重。在改革进入深水区的今天，摸着石头过河需要不断借助试错来获得新的方向。创新便是如此，要使创新得到

---

〔1〕 See Meyer J. W. , Rowan B. , *Institutionalized Organizations: Formal Structure as Myth and Ceremony*, American Journal of Sociology, 1977, 83 (2): 340 – 363.

持续推进，就需要因时因势，不断重新校准动力机制的作用方向，推进创新由量向质发展。这就需要继续推动治理目标的具体化、精细化、精准化考评体系，使得创新从面的广泛创新转移到具体点的深度创新上。在不断向下释放治理资源和治理权力的同时，不断强化顶层控制权，建立健全一体化的考评机制，再抓大放小，着力于核心问题的应对。

进一步地，在上级激励手段与下级利益要求的错配条件下，激励体制的单一性与个体利益的多样性之间呈现出巨大张力。任何一项激励制度的设计，往往能有效激发个体的动机，如以晋升为筹码的激励体系设计便只能激励那些志于升迁的个体，且极可能存在着激励分配不均的问题。比如，部分县直机关受县以下职务与职级并行试点政策影响，套转后职数晋升空间受限，存在“科级天花板”现象。调研中基层普遍反映，县级层面二级巡视员使用率不高，但一级主任科员、四级调研员需求高；乡镇二级调研员、三级调研员职级使用率较低，三级主任科员、四级主任科员需求高。近年来基层新录用研究生数量大幅增加，其转正后按照四级主任科员定级，加之副科级干部占用相当数量四级、三级主任科员指数，压缩了普通一级科员晋升空间，加大了普通科员职级晋升的难度。再加上地方普遍存在的论资排辈、平衡照顾、职级“福利化”等问题，导致职级晋升导向不够鲜明。晋升对于普通干部而言较为困难，这就导致了“强激励”的虚设和弱化。因而，在激励收益本身稳定的情况下，激励的强度与个体的反馈呈现出倒“U”型结构，随着激励力度的逐步加大，基层政府在短期内可能会展现出积极的响应态势，然而，由于压力承受能力的限制，其往往难以长期维持，进而在竞赛中逐渐退出。

以“中国地方政府创新奖”为例，该奖项自2000年设立以来，得到了官方与民间的广泛认可。该奖项在设立的16年间，共有千余项改革创新项目参与评选，最终产生179个入围奖项，成为观察地方政府改革创新成效的重要窗口。每届“中国地方政府创新奖”均会评选出10个优胜奖及约10个提名奖，这些项目共同构成了该奖项的入围项目。然而，地方对于项目申报的积极性有所降低，自2009年达到峰值358项后，申报情况出现了显著下滑。创新投入的成本逐渐超出了潜在收益，甚至超过了地方政府的能力之时，出现了创新内卷化的问题，创新的“投入—回报”边际效应显著，地方政府自然便减少了对激励的回应。综上所述，如何提高创新激励的有效性，把推动创新的持续深入作为激励的核心目标，是解决可持续性发展问题的关键。

三、扩散困境

基层治理创新还面临着扩散难的问题。随着实践的推进，有关基层治理创新“盆栽化”“孤岛化”“烟花化”[1] 的批评声也越发响亮，创新扩散难的问题越发受到重视。对于基层治理创新的良性发展而言，创新扩散难是种极为不利的现象，好的创新难以推广会使地方自主探索出的宝贵治理经验面临流失的困境。创新扩散难，主要是指空间维度上创新的模仿与学习的问题，一个地区成功的创新经验无法为其他与其面临同等问题的地区有效获得和采纳的问题。创新经验本身具有实效性和可复制性，能够识别具有扩散价值的创新经验成为必要。并非所有的创新经验都是具有扩散意义的，也不是所有的好的创新经验就一定能够扩散。对于识别具有扩散价值的创新经验方面，需要应对四重难题，包括创新行为的价值效力难以评估、基层政府的过度求异心理、基层治理创新的深度有限、创新经验的落地门槛高等问题。

（一）部分创新行为的价值和效力难评估

当前，我国在构建有效识别具有扩散价值的创新经验的制度化机制方面，相较于创新活动的迅猛发展，呈现出显著的滞后态势。当前的评估评价机制主要依赖于粗糙的定量方法和主观性极强的定性考核，其随意性和个体性特征明显。在社会治理评价领域，我们面临系统性的挑战，显著缺乏类似经济发展中 GDP、财政收入等具有明确测量价值的关键指标，这使得清晰、客观的横向比较变得困难，成绩比较往往更多地依赖于印象管理，而工作亮点主要体现在体制机制的创新过程及其呈现上。

同时，当前宏观社会治理的战略方向和主要目标较为宽泛，缺乏具体的实施细则，导致创新成果的精准考核难度加大。加之上下级政府间、横向政

---

〔1〕参见周亚越、黄陈萍：《迭代创新：基层社会治理创新的扩散逻辑——以“村情通”的扩散为例》，载《中国行政管理》2020 年第 10 期，第 91 – 96 页。

府间存在信息不对称、信息回馈机制薄弱等问题，容易形成政府间的信息壁垒，降低信息透明度。因此，在考核评估机制不完善、透明度较低的背景下，政府体系在横向和纵向上都难以有效观测和评估彼此的行为，难以精确判断是否吸纳了实质性的创新经验，或是新制造出的创新模式是否真正行之有效。

县级党政部门在将工作任务下沉至乡镇（街道）之际，实施科学考评机制成为必要之举。这一机制是确保基层治理高效运作的坚实基石，也是推动治理效能提升的关键所在。然而，部分地区在考评机制构建上尚显不足，科学性有待提升，既影响了考评结果的客观性与公正性，也可能对基层治理的创新发展造成阻碍。具体表现在以下几个方面。

一是考评指标有待健全。考评指标作为整个考评活动的核心，其科学性和合理性直接关系到考评的效能，上级与下级政府协商设定考评指标是较为理想的状态。但通常来讲，上级政府普遍掌握考评指标设定权，下级政府往往只能被动接受考核，容易导致上级政府的偏好和目标期望过度渗透到考评指标中，进而引发下级政府层层加码、层层施压的现象。这种情况下，基层政府容易陷入考评指标繁多且难以抗拒的尴尬境地，尤其是少数缺乏科学性和合理性的指标，往往需要投入较多时间和精力。在此情况下，基层政府在执行过程中往往选择性执行，对于难以操作或执行困难的考核采取规避策略，引发局部空转现象。

二是考评方式有待规范。当前，“一票否决”和“频繁检查”等考评方式作为上级政府的主要考评手段，必须得到严格的规范和管理。针对“一票否决”制度，基层政府为确保自身权益不受损害，常需投入大量的人力、财力和物力，紧密围绕上级政府的考核标准，全力推进各项工作。同时，面对多样化的考核检查，基层政府倾向于采取“处处留痕”的工作策略。然而，这种做法易导致痕迹主义治理现象的产生，使基层政府陷入“上级频繁检查、下级疲于应对”的困境，进而造成基层政府资源的浪费和局部工作的无效循环，形成所谓的“无效创新”。因此，我们必须采取有效措施，加强考评方式的规范化，确保考评工作的科学性和有效性。

三是有效激励动能不足。根据理性选择理论，行动者之所以选择某种行为，是基于“成本—收益”分析的综合考量。在官僚体制中，这一原则同样适用。官员的每一个决策和行为背后，都蕴含着相应的激励因素。无数实践经验表明，政府官员作为中国改革发展的重要推动力量，其积极作为不仅源于坚定的理想信念和正确的价值取向，同时也离不开外部激励机制的有效支撑。一般而言，激励可划分为正向激励与负向激励两种形式。正向激励主要通过职级晋升、岗位调整、福利增加等手段，对官员产生积极的引导作用；而负向激励则通过惩处、降级、问责、福利减少等方式，对官员进行必要的约束和规范。显然，以奖励为核心的正向激励能够给予官员多重回报，进一步激发其干事创业的积极性和动力。相较之下，以惩处为主的负向激励则可能使官员面临前途不明、发展空间受限的困境。

在理性选择的逻辑下，许多官员更倾向于选择安全可靠的正向激励。当前，随着问责力度的不断加大，尽管正向激励模式尚未发生根本性改变，但负向激励模式的压力明显增大。[1] 因此，基层干部开始理性地审视晋升与问责之间的逻辑关系。出于对自身安全的考虑，他们更倾向于选择能够降低问责风险的方式，从而在一定程度上放弃了冒险追求晋升的政绩竞争。

（二）基层政府的过度求异心理

政府在基层治理创新上更强调差异化战术，注重创新而非学习与模仿。在压力型体制、晋升锦标赛体制等宏观架构不变的情况下，特别是党的十八大以来唯 GDP 论的淡化、政治问责的功能不断强化、公众舆论监督渠道越来越畅通等，地方政府的政策试验与创新越发偏向风险较小的治理领域，而基层治理创新由于其风险偏小成为基层政府之间博弈的新的增长点。因而，如何在不同的领域内探索出具有自身完全独创性意味的实践经验，也成了各地基层政府在创新过程中努力的方向。

为了增强创新的影响力，基层政府也并非完全单打独斗，条块部门结对合作[2]共同开展创新成为某种新的竞争现象。这种条块部门的合作具有极强

〔1〕参见陈朋：《基层治理中的局部空转：现象图景及其有效治理》，《江苏行政学院学报》2020 年第 4 期，第 81－88 页。

〔2〕参见黄晓春、周黎安：《“结对竞赛”：城市基层治理创新的一种新机制》，载《社会》2019 年第 5 期，第 1－38 页。

的排异性，即条块部门一旦形成合作关系，便不会再同其他部门开展合作，自然其在某个领域内会有深耕的创新成果，但这种成果因为这重合作壁垒而难以扩散到其他地区。这种以政绩呈现为重要目标、高度依赖条块结对的治理创新经验常常缺乏后继深化学习的动力，这已成为当前基层治理创新中的难点问题[1]。

基层干部队伍建设还存在一些薄弱环节，基层力量薄弱也是不容忽视的问题。近年来各级优先保障基层编制供给，加大编制下沉力度，但基层特别是乡镇（街道）编制总量少、占比低的情况仍然没有得到根本性转变，现有编制人员难以满足日益繁重的乡村振兴工作需要。有的地方由于行政编制偏少，处于接近满编或满编、超编状态，无法开展人员招录工作，年轻干部少，队伍建设出现断层。同时，基层普遍反映编制动态调整不及时，没有及时根据各地发展水平、乡村人口数量、乡村振兴任务实际进行动态调整，编制数量与实际承担的工作不匹配。比如，在山东省滕州市的东郭镇，经济发展较好，常住人口12.8万人，行政编制仅有35人，与其相邻的某镇人口不足其三分之一，但行政编制数量相差无几。

由于晋升机会少、工作压力大、常态化加班、顾及家庭难等问题，基层"留人难"问题突出，基层干部扎根意愿不强，为了寻求晋升机会或转岗机遇，部分干部存在过分求异的心理。如调研中某乡镇干部说："现在基层的每一项工作都得讲创新，哪怕芝麻点事你必须得搞创新，证明你能推动工作。如果没搞出新花样，就证明你没有啥能力，是个碌碌无为的人，就是你的缺点你的问题。你不搞创新，你的名字一定不会被别人看到。"[2] 值得注意的是，鉴于求异心理的影响，部分创新实践在本质上已产生偏移。这种偏移表现为基层政府为彰显独特性而进行的"名称变更"，或是为适应地方实际情况而进行的再加工，形成一套"本土化"的模式变体。这些现象均值得引起我们的警惕和高度关注。

---

〔1〕 参见李友梅：《我国特大城市基层社会治理创新分析》，载《中共中央党校学报》2016年第2期，第5-12页。

〔2〕 采访对象：张怀才，采访时间：2024年2月16日，采访人：孙笑非。

（三）创新深度有限

由于考核中强调创新过程，即以创新本身、活动本身作为考量指标，基层政府只需表现出自己的“努力”即可。创新本身是具有风险的，即使是创新风险相对较低的基层社会情境下，除非有上级政府兜底，大部分基层政府并不敢于开展太过激进的创新。因此，现有的社会治理创新基本上是在不改变体制的基础上，实现治理机制的扩容或是优化，并主要有三种形式：一是“找回”或是发展自治，激发居民、社会组织有序参与社会治理；二是改进政府服务方式，对服务型政府向纵深拓展；三是探索技术治理等现代化治理手段的革新。现有情境下的治理创新可被归为增量范畴，并不涉及大范围社会群体间的利益让渡，增量改革是使社会一维的各方都可以在利益不受损的前提下分享改革成果。因而，社会治理共识层面较多，引发分歧较少，产生的政策风险相对较低。进而，在政策风险较低的情况下，出于晋升、政绩等自利性混合动机的地方政府更易于自主探索进行创新，而不是对于特定政府组织场域内其他竞争者展开学习与模仿，特别是在自利动机过强而自身治理资源不足情况下，则更容易以政策话语包装的方式，提出“开创”“首创”“领先”等噱头，以博得上级政府的注意力。

同时，少数地方政府持有“少干少错”“多干多错”的观念，对基层治理创新存在天然排斥，虽然基层治理创新风险性较小，但也必将涉及区域性的治理变革，因而秉持“不求有功、但求无过”的观念对创新经验进行形式上的模仿，如以会议落实会议、以精神落实精神来迎合上级政府的要求，最终导致了基层治理实质性创新难以推广。比如，在调研中，有基层干部介绍了打造创新点的基本思路，“这个区域内有的创新我就不能再搞了，一般会选本区没有的，甚至是本市、本省都没有的创新点。这样的话好模仿。如果让我来抓创新，我可能就会选和当地发展相契合的。再从全省、全国各地去找，和咱们这里发展情况差不多的，选那么两三个，然后学习人家的做法，把人家的做法拼起来，再补充一个新的做法”[1]。可以看到，拼凑型创新和模仿

〔1〕采访对象：王石涛，采访时间：2024 年 2 月 15 日，采访人：孙笑非。

式学习依然是推动基层工作创新的常见策略，这在一定程度上反映了地方政府求稳的心态。

（四）落地门槛较高

成功的基层治理创新本身往往具有极强的地域性、区域性特征，同时也往往对治理资源有着极高的要求。因而，创新落地的门槛高也具体表现在两方面：一方面是对客观社会发育状况的要求，即创新需要契合社会的发展状况，不可过于超前，也不可落后于社会的发育；二是对政府拥有的治理资源有极高的要求，政府拥有的资金、人力、技术能力决定了其开展创新的限度，一些超出政府能力的创新手段便无法有效推广。

以智慧城市的构建为例，其高度依赖城市中民众的信息化能力和技术硬件的投入，前者便是对社会发育状况的要求，即要求民众拥有使用智能系统的基本条件和基础能力。近年来，各类缴费系统在线化导致的老年人群缴费不便的问题便是忽略了此种条件的盲目创新；后者便是对政府治理资源的要求，在智慧城市的信息系统高度依赖城市的网络搭建、监控部署、系统维护及服务器算力的提升，且越智慧的系统，其对治理资源的投入要求便越高，因而一些试点的城市虽然可以在专项资金或是自身资源禀赋的保障下有效实现智能化的创新，但对于资源有限的地方而言，此种创新的投入和收益之比要看实际情况。因而，制约创新扩散的重要因素，便是需要考虑学习创新与自主开展创新之间的成本与收益的差距。

当前，基层社会治理正面临的碎片化、原子化的挑战，制约了横向联动和学习借鉴的深入发展，对治理创新的持久开展产生不利影响。特别在不同街镇、不同条块间的“结对竞赛”机制中，问题尤为突出。该机制的运行与再发展，导致基层社会治理创新的成果和经验被局限在特定范围内，难以实现跨领域的广泛复制和有效推广。尽管多项资源和政策投入带来了创新成果，但其社会效益尚不明显，治理创新的成本也相对较高，对创新可持续性的质疑逐渐凸显，这进一步加剧了基层社会治理的紧迫性和复杂性。

综上所述，尽管我们在创新探索上取得了显著成就，但创新扩散的困难已成为当前阶段的重要挑战之一。在深刻认识到创新扩散的重要性和必要性的基础上，我们亟须加强上层的引领和制度设计。已有研究明确指出，政策主导者的根本动机、上级政府主导的外部压力、以政府内部互动为主的学习渠道是影响创新扩散的关键因素。因此，我们需要进一步推进这三重因素的制度化设计，以推动社会治理创新的广泛扩散和深入发展。

四、技术治理形式单一困境

当前，基层创新治理的形式单一化趋势明显。大量的地方基层社会治理创新将治理创新的构建化约为技术治理创新。通过数字治理的手段搭建了如信息化综合治理平台、数字化网格建设等，试图实现对社会问题的提前预警、动态预判、精细化干预等。近年来，无论从区县范围还是社区范围的基层治理，对技术治理的需求与运用均达到了前所未有的高度。技术治理作为一种新型治理手段，构建了政府与市场、社会、文化的一种新的关联，将繁复多样的社会现实清晰化、图景化、点位化呈现在国家面前，为基层治理提供了有力支撑。

（一）技术治理的限度和效度问题

技术治理最重要的逻辑特征就是在模糊社会背景和事件发生的原委后，将复杂、多样的社会图景简化为信息点，以整体化、清晰直观的方式呈现在国家面前。但技术治理无论表现于工具或是理念，只是一种治理手段，本身并不自带现代化属性〔1〕，并且技术治理的适用需要严格的条件限定。例如，在技术治理的实践中，信息收集与筛查往往反映了国家的价值取向，其收集渠道亦由国家框架所确立。这引发了一系列深刻的思考：基于国家价值取向的信息筛选，是否真正具备治理的实质意义，是否与当前社会现实紧密相连，又是否已超出了基层社会治理的承载能力？近年来，基层治理领域涌现出诸多创新实践，其中不乏与城市综治体系紧密相关的案例。随着综治体系的建立与发展，也伴生了许多电子化管理系统和台账数据，但技术治理的实际效

〔1〕参见彭勃：《技术治理的限度及其转型：治理现代化的视角》，载《社会科学》2020 年第 5 期，第 3－12 页。

能在不同地区情况不同。

技术治理在解决指标性、小规模的显性基层事务的治理中可以发挥较为突出的功效，由于技术治理平台的搭建、技术手段向社区时空维度的穿透以及对考核指标往往围绕工具性的显性指标来建构，故而可以驱使基层一线的行政人员围绕平台和考核指标展开有针对性的工作，在付出较高治理成本的同时，也收获了对于小规模、显性社区事务治理的成效。但对于隐性、大规模、综合性社会事务的技术治理能否发挥出预期成效仍然是存疑的，往往这些公共事务需要体系性的指标建构，譬如民生领域的满意度如若去予以精细化量化和评分将会生产出大量指标，但从治理的本源角度出发，获得感必然是衡量治理成效的关键所在，甚至是治理的出发点，但大量指标的构建以及通过技术治理的回馈必然会耗散大量的社会资源，使得治理的工具理性占据绝对上风，对于一线工作人员也是一种“技术宰制”和能力约束。

技术治理作为一种手段仍然需要深刻嵌入于现行的体制机制之内，当常规化治理手段与技术治理适配时，常规化手段会具有技术治理的特征，当二者不适配的时候特别是当基层治理中出现突发性公共问题时，海量的治理信息瞬时反馈，譬如公共卫生危机，传染病的暴发，技术治理由于其治理规制的常规性、处理问题的规模性、程式化等自身特征而非常难以适配，如若仍然依靠技术治理的思维和手段展开，或是依赖技术治理的平台展开情景匹配将会导致基层治理的失序。技术治理应对预警信息也难以履行，技术治理构建善于解决常态化治理，但预警与研判需要针对不确定性事件，治理目标的选取和治理问题的解决都面对着大量的不确定性，虽然运用社会计算等可以对于社会形势进行仿真模拟，但无论是信息量的采集和反馈还是对于现实手段的技术化要求都是现行条件下无法良好实现的。

（二）技术治理中的数据孤岛问题

受体制机制、思想观念以及硬件技术等方面的制约，尽管政府各部门掌握着海量的基层社会治理数据资源，却难以实现跨部门、跨层级、跨系统的协同共享，“数据孤岛”“数据烟囱”等现象成为束缚着社区智慧治理的障碍性问题，系统整合以及数据资源整合面临难题与挑战。

缺乏系统顶层设计和统一标准体系导致难以整合信息和共享数据。首先，从信息数据收集阶段来看，由于早期没有进行系统的顶层规划，缺乏统一的标准体系支撑，政府各部门采集的社会治理的信息数据标准不一致、口径有误差、格式不统一。其次，从数据应用来看，社区治理涉及多个部门，由于缺乏强有力的牵头部门统一规划部署，各部门研发的信息系统平台往往五花八门，数据库接口也互不相通，使得信息技术孤岛间的隔阂越来越深。最后，从数据整理来看，各地区、各部门关于数据管理的规则尚不清晰，数据的归集、整合、清洗、比对和交换难以在较短时间内完成，进一步加大了部门之间数据共享的难度。[1]

（三）技术治理中的数据沉睡问题

当前，不少政府部门在数据利用上存在短板，未能有效激活数据资源，导致数据被闲置，甚至成为存储负担。这种“数据沉睡”现象已成为制约智慧社区建设的关键因素。

数据难以盘活的主要原因是缺乏统筹利用的整体规划。首先，从各部门数据运营模式来看，多数数据平台存在“重建设、轻运营”的倾向。数据汇总后，缺少有效利用的机制和条件，导致数据沉睡和重复收集的困境。其次，从数据运营的资源配置看，部分部门安排非专业人员承担数据管理工作，影响了数据运营的效果，软件迭代、更新的滞后同样制约了数据资源的有效利用。最后，从统筹运营来看，数据共享机制的不健全，降低了数据利用率。在智慧社区建设中，由于缺乏统一的运营体系，数据在部门间流动效率低、整合清洗困难，影响了数据的利用率。

此外，观念落后、标准缺失也是导致数据共享的重要因素。“数据小农意识”导致政府数据共享意愿不高，缺乏与高校、企业等主体共同开发数据价值的积极性。同时，标准的缺失使得部分数据成为“开放的孤岛”，一些脱敏

---

〔1〕参见刘建平、杨磊：《智慧社区建设的体系架构、现实困境与推进路径》，载《信息技术与管理应用》2022 年第一期，第 47－58 页。

数据虽然向市场和公众开放，但需要二次处理和分析，数据安全与开放创新的平衡需要全面统筹考虑。

（四）技术治理中的数据滞后问题

“数据滞后”问题在基层治理中尤为凸显，主要体现在两个方面。首先，社区基础数据的采集更新相对滞后，导致数据鲜活性不够。社区治理所需的基础数据，既包括房屋、设施、设备等资源的统计，也涉及人口、车辆、重点管控人员等动态数据的更新。然而，当前的数据采集方式单一、静态，主要依赖基层工作人员定期上报，使得社区数据的实时更新困难，痛点捕捉和需求响应不及时。

其次，由于不同部门对智能技术的应用需求有异，依赖不同的市场主体提供智能信息技术，各方的智能平台难以衔接并轨，影响了数据的收集效率和价值分析，从而制约了对动态信息的全面感知。

（五）唯技术主义仍然存在

近年来，随着技术应用型创新的不断涌现，各地基层政府“数字化基建”项目繁多，有些急着上马、赶着上线，产品难免“不实用、不好用、没人用”，最终闲置浪费，大笔资金打了水漂，不可避免地连带出唯技术主义倾向，比如，基层治理中的线上行政、大数据行政等项目在推进过程中，一旦使用不善，便容易造成技术投入越来越多，但治理效率提升延后的问题。在一波接一波的“App 热”“大数据热”过后，不少基层干部抱怨“烦琐”的数字化让大家更累了。

政务服务由传统模式向数字化、智能化方向的转型，是基层治理能力现代化的必然趋势。需要注意的是，技术运用是一把双刃剑，若运用得好，不仅会给群众带来便利，还会大大降低治理成本；若运用不好，效果则适得其反，不仅群众难得实惠，还容易降低工作质量，致使政府公信力受损。应利用信息化平台，解决基层治理的痛难点问题，借助互联网便捷化的信息传递和数据共享，提升基层治理的精准化、高效化水平。

总体而言，当前创新动力机制错位导致的问题多是由于诸机制间协调与联系不足，同时，这些问题也为基层治理创新持续提升提供了有效空间。应当避免将手段当成目的、让形式代替内容，确保创新成为有源之水、有本之木。

第七章　基层治理创新的国外经验

社区作为国家权力与社会力量交汇的关键领域，是国家治理体系的“基石”、城乡社区治理的“基础单元”，在推进国家治理体系和治理能力现代化进程中具有举足轻重的地位。近年来，我国通过科学的顶层规划、精细的地方部署、丰富的资源支撑、积极的创新实践，在基层治理的政策制定、实施范围、体制机制等方面取得了显著进展，有效提升了基层治理能力。同时，随着我国经济社会体制改革的深入推进，基层治理的独特性和复杂性日益突出。因此，在深耕国内实践的同时，还需具备全球视野，积极学习借鉴国际先进经验，以推动我国基层治理创新持续向前发展。

第一节　国外社区治理创新概况

在新时代，加强和创新基层治理是一项重要议题，我们既要深入总结本土治理的实践创新，又要审慎借鉴国外基层治理的经验教训。应以中国基层治理的实际情况为指引，审视西方治理的探索历程；以中国治理的难点问题为基础，对比西方治理的成效；以中国治理的发展趋势为方向，合理借鉴西方治理的模式；以中国治理的资源为依托，吸收西方治理的有益要素。通过提炼国际社会在社区治理方面的行动框架和经验教训，利用他山之石，全面推动社会治理体系和治理能力现代化。

一、国外社区治理的主要类型

从现实进程角度来看，受新自由主义、社区主义、吉登斯的第三条道路等理论的影响，以高度分权的政治体制为铺垫，经济、科技实力为支撑，宗教、法律、文化提倡的公共精神价值导向为引领，以美国、英国、日本、新加坡为代表的发达国家，在工业化和现代化的发展过程中，形成了多种相对成熟的社区治理模式，并积累了大量经验。深入剖析这些国家的创新举措与经验教训，对我国构建党委领导、政府负责、民主协商、社会协同、公众参与、法治保障、科技支撑的社会治理体系，具有深远的借鉴意义。以下，将重点介绍国外在社区治理实践中形成的三种典型模式。

（一）以美英为典型代表自治型治理模式

在美国、英国等国家，政府主要扮演宏观调控的角色，非营利组织、企业组织和公民则广泛参与并积极发挥作用，形成了自下而上、高度自治的社区治理模式。政府的主要职能包括政策制定、资金保障、利益协调和监督管理，一般不对社区发展进行直接的行政干预，这样的治理方式，使得多元治理主体得以在充分的环境条件下，实行社区自治。社会组织、志愿者团队、市场主体及居民在制度化的运行框架和合法化的行为空间中，自我管理、自我约束，为社区发展提供技术支撑、资源支持、智力保证。社区委员会、社区顾问委员会等常设机构，主要负责处理社区治理的具体事务、回应居民的现实需求。

在美国，几乎所有生活层面的公共事务都能由这些常设机构解决，并在非政府组织的协助下获得服务水平的提升。需要明确的是，美国社会大量存在的非营利组织和社区自治组织，多数是在社区精神的感召下，自发形成的治理组织，并非政府强制规划、强制执行的结果。这种根植于社会文化中的社区精神号召更多的社会主体主动参与社会治理，推动形成了多元主体共参共建、主体间分工日益精细的社区自治模式。

与美国的社区发展模式相似，英国的社区充分享有决策权，并吸纳了社会组织的广泛参与、实现了自下而上的高度自治，除了得益于体制机制的保障，也离不开浓厚的社区精神和公共精神熏陶。这对我国建设社区共同体具有重要的启示意义：既要加强多元主体的参与，又要重塑公共文化精神，加强情感联结与文化导向的融合，以文化的软实力推动基层治理水平的提升。

（二）以新加坡为典型代表的政府主导型治理模式

新加坡的社区治理采用的是自上而下的行政控制模式，政府的介入具有“直接性”和“总体性”特征。新加坡构建了一套层级清晰、分工明确的制度化管理机制，通过在每个社区成立公民咨询委员会、居民委员会和社区中心管理委员会三个部门，将治理触角向基层进一步下沉，构建了顶层推进、末梢突破的社区管理完整链条。在整个治理体系中，政府部门不仅在宏观层面为规范社区发展建设提供了法律、政策、资源支撑，还设立了专门负责社区发展工作的行政部门——人民协会，为社区治理提供更翔实的指导与监督。

同时，新加坡主要社区组织的领导者也不是由民众选举产生，而是由国会议员委派或者推荐产生，进一步加强了政府的社区治理价值理念在基层的贯彻。这种政府主导型的治理模式能够快速凝聚全国力量，通过务实高效的治理举措，推动全国社区齐头并进，但也在一定程度上消解了地方发展的创新性、多样性，影响多元主体的共建共治意愿。因为尽管社会组织、公众能够参与治理并向上反馈诉求，但治理“决策权”始终掌握在政府手中，多元主体的活动范围有限，且不能获得及时的成果反馈，社区问题的解决周期延长，社会、公众在政府绝对强势地位下难以进行良性互动，形成一种自上而下高效和自下而上低效的矛盾局面。

（三）以日本为典型代表的混合型治理模式

混合型社区治理模式的主要特点为政府、社会、公众能形成治理合力，共同参与社区治理。在日本，社区治理的主要参与主体为政府、社会组织、公众。各级政府以行政单元为限进行划片精细化管理，主要起规划、指导、监督作用，并不直接参与社区治理的各项具体工作，决策权下放至基层社区；社会组织在政府、财团、民众的共同支持下建立起来，承担了一部分社区发展的引导工作，为满足各社区发展实际需求提供各项综合服务；公众享有与政府官员同等的社区治理建议发言权力，问题反馈通道的通畅性、利益诉求表达的积极性、社会矛盾处理的公开性都有充分的保障。

值得一提的是，日本存在着大量与我国居委会、村委会职能相同的基层群众性自治组织，被称为“町内会”或“自治会”，它们以特定的空间范围为活动阵地，凝聚着广大居民的参与共识，且具备着“解决一定区域范围内的共同问题或公共问题”的“微观公共功能”，是集结基层公众力量，代表社区与政府、社会建立良好互信互赖关系，建成社区共同体的重要组织机构。同为东亚的重要国家，日本社区治理的基本原则和发展思路与中国的存在诸多相似之处，这种以地域为中心，政府、社会、公众共同发力的混合型社区治理模式对我国基层治理发展具有一定的借鉴意义。

二、国外社区治理的主要特点

上述三种自治模式，均根据各国不同的国情和经济情况，呈现出殊异有别的治理特色。通过对比可以发现，多元协同参与是基层治理共同追求的目标，多主体协同、多领域创新、多技术支撑是主要特点。

一是多主体协同。市场、社会、公众参与社区治理水平的高低，既是一个国家政治现代化、民主化的重要标志，也是衡量民主意识和政治素质高低的客观标尺。在社区治理中，政府力量充当主要推手，市场力量作为资源支撑，社会力量是有效补充，公众参与是基本理念。多元主体相互协同，共同构建了开放性、扁平化的社区共同体治理体系，彰显了社区治理的活力。

二是多领域创新。为进一步激发多元主体在社区事务管理中的创造活力，从制度、文化、法律等多个维度创新协同举措成为广泛共识。一方面，基于沟通和对话的参与机制，为多元主体的参与互动搭建了多样化的平台，提升了社区治理的有效性。同时，注重对公众社会责任感的培养，让更多人参与到社区治理中，实现个体与社区的双向互构。另一方面，在社区治理过程中，通过培育孵化各类创新项目和社会组织，积极引导社会资源配置，打通信息壁垒、组织壁垒、业务壁垒，切实提升多元主体的参与活力。

三是多技术支撑。智能化技术为社区治理提供了可靠的支撑平台和良好的系统环境。当前，各国普遍运用互联网、物联网、区块链等技术手段，通过信息化建设，整合电子政务和应用服务，精准对接社区治理的实际需求，提高了社区服务的精准化水平，不断推进治理技术和手段的更新迭代。

第二节　国外社区治理创新的实践经验

一、英国

历经两次世界大战，福利普惠的社会治理理念在英国得到普遍认同，为福利国家制度的确立奠定了思想基础。在传统文化观念的影响下，公民权利和自由理念，成为英国社会治理的两大指导理念，结合法律和道德共同发挥作用。总的来说，英国在社区治理方面，主要达成以下三种观念共识。

第一，社区平台是国家治理的战略载体。从 20 世纪 40 年代开始，为推进殖民地社区发展工作，英国政府专门设置了殖民地管理机构来统筹协调具体的工作。这样做的目的，一是更为有效地收取殖民地的各类资源，二是推广英国一贯宣扬的价值观与意识形态指导下的管理体制。具体来说，在社区发展计划的框架下，社区工作者需要培养社区与外部世界、社区居民与殖民官员、殖民地与宗主国之间的“共同意识”。在推行社会政策的过程中，社区参与受到地方政府以及中央政府前所未有的重视，成为工作开展的重要抓手。总体来说，自下而上的社区治理模式在英国受到大力支持和鼓励，社区在国家治理框架中处于基础性地位，其作用也越发获得重视，以发挥社区平台的战略性价值。

第二，人才培养是社区治理工作的核心目标。长期以来，英国的社区治理主要通过实施社区发展计划加以完善，这一特点在本土外的地区尤为显著。在英国社区治理发展起步阶段，由于社区治理的实践还在探索之中，缺少可资参考和借鉴的经验，同时受人力、物力、财力等资源的约束，社区治理存在专业化、职业化程度较低的问题，处境较为被动。对此，英国政府设立的殖民地管理机构及海外地区相关职能部门高度重视社区工作者的培养工作，通过业务培训，培养具备高素质、专职化特征的社区发展人才，使其成为社区治理的关键力量。具体而言，英国各级部门和组织分层分类地制定了抓好社区工作者培训的具体计划，培训对象主要涵盖政府官员和社区工作者，以满足当地社区发展的迫切需要。

在“全能型”社区工作人才培养的战略部署下，对于社区发展人才，需要具备以下素质：首先，是了解当地风土人情，以便更好地融入和服务社区；其次，拥有组织策划并开展课程培训的能力，以不断提升居民素质水平；再次，敏锐地把握地方政策走向，确保社区发展与时俱进；最后，他们还应具备推广社区发展计划、提高居民参与的能力，以凝聚社区共识，推动社区整体发展。针对以上需求，英国将剑桥大学等世界知名高校设为培训地点或机构，并在课程设计上进行了精心构思，实现了政策理论、基本能力和实用技术的有机统一，不断强调社区治理中人才培养的战略意义。

第三，社区治理同国家整体发展紧密相关。英国在海外地区推行社区发展计划的过程中提出，社区治理的实现必须满足两个条件：一是社区居民的主动参与；二是政府提供技术或其他方面的服务，以培养社区居民的主人翁意识。这就需要微观层面的社区治理与宏观层面的国家资源支持实现有效对接，将社区治理规划置于国家整体发展的理念之下，避免微观社区与国家整体的脱嵌。在较长时期的治理探索中，英国政府一直都试图把社区发展和社区治理有效结合起来，通过社区治理来撬动国家整体发展理念，指导本国社区治理政策方针的制定以及相关工作的推进。比如，1997 年，英国推出“邻里关系重建”和“社区新经营方案”两个项目，将社区治理的重心从物质供给转向以人为本，强调“参与”的重要性，鼓励居民积极参与社区治理，由此实现了社区治理同国家发展的有效融合、内生互嵌。

二、美国

美国的社区治理具有高度自治性，其中，第三方力量的崛起发挥了较大的促进作用。政府主要负责宏观层面的统筹、法律法规的完善，以及资金与政策支持。社区治理实践大多依靠居民公众、公共服务企业和公共服务组织机构等主体的参与，形成以社区居民为参与主体、第三方组织实施、政府引导监督的治理模式。

第一，高度的自治和自组织特征为社区治理提供动力。美国的社区治理有着悠久的历史传统，其中，公共精神和自治理念构成社区治理的文化根基。缺乏人文关怀、安全感和社会交往是城市发展的弊病，美国“社区发展”的治理理念则强调通过创建和保护城市社区来解决这一问题。纵观美国社区的发展历史，社区建设的主要目的是促进建立邻里关系，塑造更加健全的个体人格、更加健康的社会环境。20 世纪 60 年代，“社区治理”和“公众参与”的概念提出，极大丰富了美国社区发展的内涵，促使了公民权利意识的觉醒，推动形成了尊重多元文化、保障民主权利、强调自治精神的社会环境。公民开始更为积极地参与公共事务，为推进社区自治奠定了良好的群众基础。美国社区治理具有高度的自治和自组织重要特征，不仅重视公民在处理公共事务中的参与度，而且强调不同组织机构的协调共存，在促进社区治理的发展和公民权利意识的觉醒方面发挥了重要作用。

第二，自下而上的社区自治模式为社区治理激发活力。社区治理的本质是公民治理，是公民社会的自我管理。发展至今，美国已经形成了较为完善的社区自治模式，即由居民广泛参与的自下而上的自治模式。社区设有社区委员会、社区顾问委员会等常设机构，具有充分的自治权，以此来保证社区治理的高效性和专业性。社区公民作为治理主体力量参与其中，公共权力机构发挥引导监督作用。社区自治机构负责确立社区发展目标、处理公共事务，通过其最高的权力机构——社区董事会，实现自我管理。同时，美国的社区还设有社区顾问团，主要负责协调居民关系、征求居民意见。行政权力不能直接干预社区事务，政府主要通过完善相关政策法规引导社区发展，在社区治理中扮演着“辅助者”的角色。

第三，非政府组织成为社区治理的重要推力。美国的非政府组织在社区治理中担负着多样职能，为沟通政府与公民的关系发挥了重要作用，同时提供了社区服务的功能，减轻了政府在公共服务供给上的压力。非政府组织主要通过政府的直接补助、税费减免、购买服务以及社会捐赠、基金创办等方式，获取资金支持，其组织运营主要依靠自发参与的志愿者群体，以此为社区提供多样化的公共服务。

在实践中，非政府组织搭建了政府部门与社区居民沟通的桥梁，为居民参与社区自治提供了重要渠道，并在资金筹集、决策发展、规划设计、居民关系协调等方面发挥了重要作用，推动了社区的稳定发展。非政府组织还活跃在社区文化建设、社区治安维护、老幼群体陪护、职业技能培训等领域，逐渐发展为社区治理的中坚力量，其承担的社区公共服务供给占比日益增多，既分担了政府部门的压力，又直接对接居民需求，提升社区服务供给质量。以美国退休人员协会（AARP）为例，该协会致力于服务老年群体，呼吁关注老年生活，现已成为美国在该领域最具影响力的非营利组织，其积极推动“宜居社区”的建设，通过与地方政府和社会组织开展合作，推动了老年友好社区网络建设。

三、日本

日本社区治理的实质是通过“社区营造”，实现从“市民参与”到“市民主体”的转变。经过长期实践，日本社区治理领域相关理论更加系统、组织架构不断完善、市民参与日益提升，形成了独具特色的治理模式。

第一，以市民诉求为导向，进行社区营造。在日本，社区治理是完成“社区营造”的过程。20 世纪 50 年代至 70 年代，日本的国民经济水平快速增长，城市发展迅猛，而中小城镇和乡村因人口外流严重出现凋敝状况，传统的村落社会土崩瓦解，城乡之间的发展不平衡、不协调现象突出。与此同时，在“日本列岛改造计划”的政策环境下，全国各地陷入大规模开发建设的热潮，各种社会问题接踵而来，严重损害了市民的生活环境和身体健康。为了扭转此局面，居民自发组成一些革新团体，主张社会治理必须以市民诉求和居民参与为核心，呼吁政府和社会寻找自下而上的解决方案。随着革新团体的不断壮大，其改革思想逐渐形成体系，“社区营造”应运而生。他们倡导政府从片面追求经济增长的怪圈中走出，把民众最关心、最直接的利益诉求作为行政工作的出发点，着重满足民众在环境、生活、安全等领域的基本要求。

第二，社区营造化零为整，完成社区整合。日本的社区营造以实现“魅力再生产”为目标，包括经济振兴、景观建筑设计、生态环境恢复、文化气氛创设等内容，将居民对家园的记忆和憧憬融入社区建设中，从整体上营造了亲切的故乡情愫。日本的社区营造主要以构建社区共同体为目标，通过构建“整体社区营造”的一系列制度体系，引导居民参与地方公共事务、培养公共精神，凝聚社区意识，从“人、文、地、产、景”等维度塑造社区发展的内生动力，促进社区治理要素的有效整合。社区营造以传统分散化的经济、文化、环境等要素为基础，重新探索它们之间的发展联系，构筑各发展单元的合作机理，利用社区文化资源为媒介，结合社区自主凝聚的创造力，改善社区生活环境，提升居民生活品质，塑造出各具特色的社区文化。

第三，社区文化技术共驱，推动社会共治。日本的町内会、自治会是市町村之下的基层自治组织，类似于中国的居委会，是社区治理的核心机构。其中，町内会一般为传统街坊的居民自治组织，自治会则多为新兴的公营或民营住宅小区的居民自治组织。20 世纪 90 年代后，新公共管理理论思潮席卷日本，加上日本政府推行和实施“协动政策”，助推了社区营造的改革与发展。日本中央政府发布八项“新公共”政策，指导各地的社区营造工作。地方政府制定并实施地方性的“协动”政策，确保政策的稳步推进。传统社区文化与新兴智能技术共同赋能社区治理，推动了非政府组织、地方自治体、市民等政策利益主体的响应与参与，推动形成了以“市民主权型自治体”为导向的地方自治制度。具体而言，日本社区中的基层政府、町内会（自治会）、社区居民以及社会团体等依托传统社区文化，重塑了现代社区中的熟人关系，构筑了多元参与主体的协作模式。除此，日本顺应时代发展要求，将人工智能等技术融入社区治理中，使社区共治更具可行性。技术赋能社区治理，可以精准捕捉居民的诉求偏好、社区风险信号等，打通社区营造场域中的信息壁垒，形成共享的大数据平台，为社区治理决策提供辅助和依据。总的来说，传统的社区文化与现代的智慧技术共同对社区治理进行系统的规划设计和深度嵌入，为改善社会关系、实施考核激励机制、实现社区共治提供了有力抓手。

四、新加坡

新加坡作为典型的城市国家，政府主要遵循“务实、求新、民本”的核心理念，在社区治理中发挥着主导、管理与扶持的作用，形成了较为系统的社区治理模式，取得了良好的治理成效。新加坡通过采取政府部门主导宏观层面管理、社会力量发挥微观补位作用的合作模式，形成了“强政府、大社会”的互嵌式治理格局，实现了政府与社会深层次、广覆盖、高效率的合作与分工。

（一）治理主体

在新加坡，与社会治理相关的机构可分为政府部门、半政府组织及民间组织三大类。政府组织与半政府组织是在行政力量的主导下成立的，大部分日常开支和活动经费来自政府。与政府部门相比，半政府组织具有一定的独立性，可以独立开展一些社会治理活动。民间组织是社会成员为了一个共同的目标，基于亲缘、族缘与地缘关系成立的组织，可以接受政府资助，也可以向社会募捐。

1. 政府部门

新加坡政府的管理层级非常简单，只有一级中央政府（内阁），包括 16 个部（Ministry）和 66 个法定机构（Statutory Board）。内阁是新加坡最核心的权力机构。在每次大选结束后由获胜政党（建国以来一直是人民行动党）组阁。内阁包括总理、副总理和 16 位部长。在每一个部下面设行政部门和法定机构。下文主要介绍与基层社会治理密切相关的两个部：国家发展部（Ministry of National Development，MND）和文化、社区及青年部（Ministry of Culture，Community and Youth，MCCY）。

国家发展部的使命是给新加坡民众建设一流的基础设施、创建美好的生活环境。其内设的法定机构包括建屋发展局（Housing and Development Board，HDB）等部门。建屋发展局与基层社会治理关系最密切，因为建屋发展局是新加坡负责建设、翻新、分配和管理公共组屋的机构，致力于为新加坡民众提供质量可靠、价格低廉的公共住房。文化、社区及青年部的主要职能是支持、组织开展文化艺术和体育活动，同时倡导社区发展和社会服务。

另一个重要的国家机构是议会（Parliament），由各个选区选举的议员构成，职能相当于中国的人民代表大会。议会与基层社会治理最为相关的是议员接访制度。议员一般都有自己的本职工作，所以，担任议员并不是全职，而是领取国家津贴的兼职工作。议员不仅要参加国会的各种会议和工作，更重要的是担任选区的领导，带领一批志愿者和社区工作人员处理选区的事务、提供社区服务。人民行动党在执政初期，建立了议员定期到自己的选区接待和访问选民的制度，所有议员都必须遵守。议员的职能是确保社区居民的诉求能够反映给国家最高的决策层，同时帮助民众解决具体的问题。

文化、社区及青年部下的人民协会（People's Association，PA）在新加坡基层社会治理中处于最为重要的位置，是新加坡社会管理和社区建设的核心机构，统领全国大部分的社会团体。人民协会旗下包括 5 个社区发展理事会、108 个民众俱乐部、1 个国家社区领袖学院以及专门的项目委员会。人民协会还负责管理、协调 1800 个草根组织，其中包括 550 个居民委员会和 100 个邻里委员会，108 个民众俱乐部及其管理委员会，还有数量众多的基层志愿者，它们共同构成基层社会治理与服务的基础网络。[1]

2. 半政府组织

半政府组织同时具有较强的国家属性和社会属性，是联结国家与社会的重要一环，包括市镇理事会、社区发展理事会和国家社区领袖学院等。

市镇理事会（Town Councils）隶属于国家发展部，是新加坡独特管理模式中的一个重要组织。目前，全岛共有 16 个市镇理事会，每个市镇理事会管理 5—6 个选区。市镇理事会成立于 1989 年，目的是赋权给地区当选的代表和居民来管理他们自己的组屋，负责市镇内组屋区的硬件建设和维护。

社区发展理事会（Community Development Councils）隶属于人民协会，它的职能跨越了社区和选区的层面，管理和服务的范围较大，致力于关怀弱势群体、促进种族和谐、协调部门合作。社区发展理事会的使命，可以归纳为"ABC"：A 是帮助有需要的人（Assisting the Needy），B 是联系民众（Bonding the People），C 是联结社区（Connecting the Community）。社区发展理事会领导和协调公民咨询委员会、民众俱乐部管理委员会以及居民和邻里委员会，同时与社会志愿服务和福利团体、学校、私人公司等合作，协调政府相关部门，共同回应群众诉求。社区发展理事会承担了原属于政府部门的部分功能，比如照顾老弱、关注社区医疗、保护环境、帮助就业等，其负责管理的社区事务范围较大，是联结政府部门和基层社会的重要纽带。

国家社区领袖学院（National Community Leadership Institute，NACLI）成

---

〔1〕参见黄伶俐：《新加坡社区社会组织：政府主导与社区自治》，载《中国民政》2018 年第 24 期，第 16－18 页。

立于1964年，是人民协会的培训机构，主要功能是培训社区基层领袖，提高他们组织社区活动的能力。学院提供多种形式和内容的培训课程，比如，会议组织、社区财务、社区发展、募捐、公开演讲、开展和评估社区项目、宗教组织介绍、社区调解等。新加坡政府非常注重对社区领袖的激励，每年国庆节总理公署都会对有重要贡献的社区基层领袖颁发国庆奖章，给予奖励。

3. 民间组织

民间组织广泛分布于社区之中，由社区居民基于同一目标自由组建，具有很强的流动性与自愿性。新加坡有很多新兴的民间组织，包括各种社会服务组织、志愿服务机构、慈善组织以及业余爱好俱乐部等，如“连援”（Lien Aid）、新加坡自然世界（Nature Society of Singapore）、妇女行动和研究协会（Association of Woman for Action and Research）、外国劳工人道组织（Humanitarian Organization for Migration Economics）等。[1]

近年来，新加坡政府十分重视非营利组织的发展，从2007年开始，试图把新加坡打造成为亚洲非营利组织的枢纽。一方面，政府通过委托、奖励、补助和购买服务等方式，把一些公共服务项目交给社会组织去运作，积极引导各种社会组织和各类志愿者参与社区管理和服务。另一方面，允许社会组织向社会募集资金，政府通过减免税收的方式，鼓励民众向这些机构捐款。受此影响，非政府组织在新加坡逐渐发展壮大。[2]

（二）新加坡基层社会治理对中国的启示

中国的国情与新加坡有很大的不同。中国国土面积辽阔、区域差异大、经济发展不平衡，而新加坡是一个经济发达的城市岛国。但是，“他山之石，可以攻玉”。新加坡模式对中国城市社区的治理有三点启示。

第一，强化政府主导，统筹社区规划。新加坡政府高度重视域内社区治理，采取“政府主导、规划先行”的治理思路，以政府统筹社区治理的各项

---

〔1〕 参见张春阳：《新加坡基层组织：政府与人民之间的缓冲力量》，民主与建设出版社2015年版，第204页。

〔2〕 参见黄伶俐：《新加坡社区社会组织：政府主导与社区自治》，载《中国民政》2018年第24期，第16－18页。

工作，通过制定相关规划、提供资金支持、完善制度机制等方式，结合事前规划、事后评估等措施，降低社区治理工作开展过程中的容错率，发挥政府在多个方面的主导作用。

组织构建方面，政府通过设立建屋发展局，负责统筹全国社区治理工作的开展与谋划。资源配备方面，政府在社区治理相关工作的开展上给予充分的资源支持，以财政为依托提供各类治理资源。资质评估方面，政府担任着“审核员”身份，通过评估各机构绩效，下拨活动经费，并设立相关机构，对社区组织承担的政府购买项目进行评估，核准各机构资质，以确定下一步购买计划。总体统筹方面，政府对整体的城市规划谋篇布局，综合考虑各类要素进行城市规划，自上而下地主导和扶持社区发展，化解各类矛盾冲突。

第二，完善对话机制，贴合现实诉求。新加坡政府在实施社区管理的过程中，注重公众的意见表达与沟通协调，形成了政府信息公开透明、公众较为积极参与、意见表达渠道畅通等系统完善的政民互动机制。一是政府部门借助互联网工具，大幅度提升政府部门信息公开的效率和质量，让民众能够及时获取社区规划的目标、社区建设的举措以及资源配置信息，方便民众更好地提出意见建议。二是政府积极搭建政民对话平台，建立民众俱乐部等组织载体，在社区设立每周一次的国会议员接待日，做到有效回应民众诉求。三是建立完善的政府反馈机制，获取社区民众对政府治理行为的意见，对民众提出的合理性建议，政府在政策制定和实施过程中会予以积极采纳。新加坡通过政府主导对话机制，促进民众积极参与社会治理中，增强政民之间的互动和协同，实现了政府与民众之间的相互理解和相互支持。

第三，技术嵌入治理，降低治理成本。新加坡政府负责指导和制定不同的社区规划及相关政策，通过立法，为社区治理提供了一系列强有力的制度保障，充分重视居民多样化的生活需求，积极引导“共同价值观”的构建，为社区建设提供牢固的意识形态支撑，促进了规划的贯彻落实。技术赋能层面，新加坡的社会力量起到了不可替代的作用，为政府主导下的社区治理拾遗补阙。社会力量依托自身的技术禀赋，将智能技术、物联网等融入社区服务供给中，发挥好补位作用。智能技术的嵌入，推动社区治理规划更加落地，降低了成本损耗。社会力量通过自身掌握的大数据算法等对社区服务的覆盖范围、服务设施和服务对象进行科学规划和科学评估，能够在考量居民实际需求的基础上，有效整合社区资源，满足社区内居民的多层次需求，避免资源在某一地域过多或过少投入，实现了社区治理的精准性和精细性。

城市社区更新方面，新加坡依靠社会力量提供持续性的科研和技术支撑，实现了社区更新改造的良性发展，比如，新加坡建屋发展局以五年为一周期，对社区展开调查，了解居民对不同更新改造项目的意见和评价，为更新改造工作的优化提供参考。在调研的基础上，政府还积极寻求与高校的合作接口，推动研究成果的落地转化和治理质量的全面提升，在实现科技服务社会的目标的同时，进一步提升了居民的参与程度和生活品质，使技术成为社区治理的一项重要工具。

五、德国

德国政府机构由联邦、16 个州以及 8000 多个地方自治团体三个层级组成，其中，地方自治团体分为两类：一类是市镇，指由一个或几个居住点的居民组成的具有法人地位的地方公共团体，市镇可分为非县辖市和县辖市镇两类；另一类是市镇联合体，覆盖区域大于地方市镇，是在一州之内除市镇之外的地方自治团体，一般包括县、市镇行政联合体、区域联合体、大区联合体等。[1]

（一）德国的地方治理机制

目前，德国的地方治理机制可以概括为两方面：一是最大限度地动员市场和社会力量参与公共服务供给；二是地方政府与社会之间形成良性互动协调机制，实现公共服务供给的可持续。

动员第三部门参与公共服务供给。新掌舵模式改革以来，地方公共服务逐渐开始市场化进程，私人闲散资金、社会资本和慈善援助等成为弥补地方政府公共财政支出不足的新渠道。公共服务不再由政府单向供给，市场、社

〔1〕参见申海平：《通过基层自治发展基层民主——来自德国的启示》，载《法学》2007 年第 12 期，第 104－115 页。

会组织等逐渐成为服务提供方，它们的法人地位也得到承认和重视。在此影响下，政府、市场与社会组织在公共服务供给中日益呈现出“三足鼎立”的趋势，政府在政策制定、公共服务生产的授权、服务监管等方面的作用更加突出。

具体运作过程有：在公共服务的生产方面，依据成本效率原则，市场和第三部门获得合法地位，志愿组织、各类公益团体通过自愿自助或非营利的方式生产公共服务，而政府对其进行法人资格认定、政策倾斜、资金支持、技术指导；在公共服务供给上，地方政府承担直接或间接提供服务的职责，保证公共服务供应的充分性、及时性与满意度，积极构建良性互动的府际关系，在一些混合型公共事务鼓励部门合作，做到公共资源的有机整合。同时，区分共同性问题（如空气污染、环境问题和流行病传播等）和相似性问题（如人口老龄化、失业和城镇基础设施改造等），共同性问题主要由联邦政府提供解决方案和资金支持，相似性问题多半由地方政府负责解决。

地方政府与社会之间形成互动协调机制。新公共管理运动以来，公共物品生产突破了传统的政府单线路供给形式，出现了多种供给形式。（1）地方政府单独直接提供，这是最常见的一种传统的公共服务供给方式。由于某些公共物品的特殊性质，由承担服务责任的政府或公共部门组建自己的生产单位和公共服务机构供应。（2）政府或公共部门间的协调供应。当涉及特殊地域或特殊服务类别时，政府或公共部门之间就服务的生产与供应进行协商，既可以保证供应的效率又可避免资源的浪费，如路政部门和警察部门对交通犯罪的协作治理。（3）地方政府联合提供，如跨州合作的莱茵河污染防治。（4）地方政府间的契约生产，即地方政府通过合同形式，将某些公共服务交由另一有资质的公共部门生产，后者承担生产责任，前者通过购买或补贴承担服务供应责任。（5）政府将服务交由社区提供，政府可选择的授权对象包括各种志愿团体、民间协会和社区组织、社区公民协商会议、学区家长委员会等。（6）部分公共物品生产的私有化和准市场竞争。在公共事业管理中引入市场机制，将私有化与顾客选择权结合，终端消费者自由选择服务提供者。这种方式包括组织私有化、职能私有化、资产私有化和任务私有化，地方政府制定准入规则和生产标准，私人或公共部门通过竞争机制参与服务供给，政府通过征税和支出权力决定服务的供应水平，并允许民众通过凭证的方式自主选择生产单位，如食物券、学生自由选择公立学校等。[1]

地方社会组织参与地方治理的意义是深远的。一方面，地方自治的内涵被扩大，更多代表不同利益的社会团体进入地方政府的决策和治理中；另一方面，通过社会力量分担政府的非核心职能，激活了社会组织、企业等多方主体的积极性。社会组织在地方治理中越来越活跃，“市场化”和“服务外包”减轻了地方政府的行政负担，提高了政府的工作效率。[2]

（二）德国地方治理对中国的启示

20世纪70年代经济危机之后，地方治理的重要性日益凸显，成为全球关注的焦点。德国作为其中的代表，其地方自治的悠久历史与丰富经验，对于我国基层社会治理的完善具有深刻的启示意义。

第一，明晰政府角色的定位。在德国的社会治理中，地方政府扮演着非常重要的角色，一直在“管理”与“服务”间谋求平衡，不断优化公共服务部门内部结构，并对公共服务开支进行制度化监控，从而实现公共服务供给的经济和高效。

第二，重视社会组织的力量。德国在进行地方政府改革时，将政府的非核心职能交由社会力量承担。志愿组织、非政府组织等社会组织在加强政社关系、缓解社会矛盾等方面，起到缓冲剂的作用。与此同时，这些组织在地方治理中的参与也有效减轻了地方政府的管理压力，降低了行政成本。

第三，推进数字化地方治理的建设。从20世纪70年代中期到21世纪初，新信息体系将全球不同的社会群体与领域连接起来，显示了其巨大的影响力和构建力。[3] 德国地方政府紧随信息化潮流，在推进电子政府建设时提出颇

---

〔1〕参见靳永翥：《德国地方政府公共服务体制改革与机制创新探微》，载《中国行政管理》2008年第1期，第103－107页。

〔2〕参见王超：《德国地方政府治理结构变革及其对我国政府治理的启示》，载《中共乐山市委党校学报》2015年第2期，第20－22页。

〔3〕参见陈水生：《新公共管理的终结与数字时代治理的兴起》，载《理论导刊》2009年第4期，第98－101页。

为吸引人的口号："让数据而不是让公民跑路。"[1] 充分利用信息技术发展，整合相关部门、行业资源，互联互通，构建社会治理信息化网络体系，全面提升了社会治理的科学化、现代化水平。

第四，开展区域合作，优化协同治理。在全球化和经济一体化的新格局中，区域治理已经成为一种普遍的趋势。[2] 尤其在应对环境保护、气候变化等问题时，开展地方之间的跨区域合作更加重要。德国在地方自治过程中采取了多种合作方式，不仅增强了各地方自治团体的主动性与积极性，同时提升了合作区域的竞争力。我国目前区域性地方合作组织类型少，功能相对单一，执行力不强。在今后的进一步发展中，应明确建立地方合作组织的现实需求，确定组织的职责和权限，保障区域组织能够发挥应有的功能。

六、北欧五国

北欧国家的基层社会治理较为相似，主要体现在社会自治频繁，公民与社区在治理过程中占据重要地位，同时，基层政府在治理过程中侧重引导与监督功能，能够积极促进地方治理的效率，而且也有助于促进公民参与，提升公民责任与参与意识。

（一）北欧国家基层社会治理的主要特征

一般来说，北欧五国基层社会治理主要具有四方面特征：合作共享、高度自治、充满创新与推崇引导，下面将对其特征作出详细介绍。

1. 合作共享的治理理念

合作共享的理念主要包含三个方面：一是治理主体多元化。治理理论认为政府并不是国家唯一的权力中心，各种社会的、半公共性的、私人的组织与机构只要得到公众的认可，均能参与决策制定与执行，这意味着政府不再是社会治理的唯一主体。在北欧，很多福利政策都是由各级政府、政党组织、

---

[1] 参见王勇兵：《德国地方政府治理及其改革与创新》，载《中国行政管理》2006年第10期，第87-90页。

[2] 参见高薇：《德国的区域治理：组织及其法制保障》，载《环球法律评论》2014年第2期，第177-192页。

工会、跨国公司、大型资方代表、中小企业、雇主联合会、个人与家庭等主体共同制定。比如，在芬兰，地方政府、利益集团、学校、专家顾问、选民、父母和大众传媒等主体，共同参与教育政策的制定与执行。

二是注重私人部门参与。新公共管理运动促进了公私伙伴关系的形成，公共部门和私营部门资源共享、优势互补与风险共担，旨在以较低的成本，提供较高水平的公共服务。在北欧，很多私营部门通过政府外包的形式参与教育、医疗、交通与养老照料等服务供给。在芬兰赫尔辛基地区的艾斯堡市，市政当局作为承租方，将当地图书馆植入商业中心，在这些商业中心，图书馆作为开放的读书空间和聚会场所，允许客户在同一时间和地点享受多种服务。

三是治理成果高度共享。北欧国家的社区治理，涉及气候、教育、健康医疗、养老、安全、城市再造、经济发展等各个领域。与其他国家相比，北欧国家提供福利的范围更广，包括医疗、教育援助、儿童保护、失业救济等领域，公民普遍享有较高社会福利，所有公民不因民族、阶级、收入、性别等不同而被区别对待。例如，在瑞典，政府规定所有定居瑞典的人无论有无工作，年满 65 岁的老人就可以领取基本养老金。

2. 高度自治的治理传统

由于国土面积狭小，人口稀少，民族单一，容易培育共同体意识，具有高度的自治传统。主要体现在三个方面。

一是不同层级政府之间没有行政隶属关系。在行政区划上，北欧各国大多分为中央、郡、市镇三级，各级政府权责明确，地方政府享有高度自治权。议会和中央政府负责统筹管理国家的各项事务，地方政府除了执行中央政府的政策决议，有较大的自主管辖权和管理权。市政府作为北欧国家行使社会管理职能的基层政府，即通常意义上的“社区”，在管理上实行自治，它的职权范围相当广阔，拥有独立的经济权和行政权，社区的服务保障、初级教育、儿童关照、老人关照、社会治安等事务均由它负责。

二是注重培养与发展基层社会自治。北欧政府在基层治理中注重公民参与，公民自治精神不断得到提升。在冰岛，基层政府在人口比较集中的社区引入了信息化理念，尝试开发网上社区项目，社区所有居民通过密码或电子身份识别系统登录后，不仅能够轻松获取公共服务信息，还可以随时随地参与公共事务决策过程。在瑞典，基层政府的绝大多数文件都是公开的，公众和媒体可以随时检查。基层政府财政预算的编制与执行都在公众和媒体监督下进行，当政府预算提交议会审议时，公众可以旁听并提问，媒体可以进行报道和直播，预算经过审议之后，公众可在互联网上查询财政资金的用途，新闻媒介在整个过程随时跟进，保证资金的透明使用。

三是社会组织积极参与基层社会治理。无论在数量上还是在组织化程度上，北欧的社会组织都名列世界前茅，它们以社会需求为导向，兼顾各地区、各行业、各不同利益群体的特殊需要，在养老服务、儿童照顾、慈善捐助、医疗救助、防灾减灾等领域发挥着重要作用。在瑞典，非营利组织通过竞争招标成为政府购买养老服务的承接主体，为整个国家提供了10%的老年照料服务。总之，北欧政府、社会组织与社区、公民共同构成“小政府、大社会”的治理结构。

3. 充满创新的治理能力

北欧五国将创新看作国家发展的重要推动力，注重创新人才的培养、多元主体的参与。首先，人才培养方面，北欧国家重视高校在培养创新型人才中的作用，特别重视学生解决问题、终身学习和博采众长的能力。北欧国家经常举办在职培训，通过立法规定促进失业者接受再就业培训，北欧国家这种完善的教育体制培养了大批推动科技发展的中坚力量。其次，政府倡导私人部门以及不同利益相关者参与创新过程。譬如，芬兰政府通过宏观调控，将科研机构、高校、企业与政府主管部门联系起来，加快科技成果产业化，形成了“产、学、研”三位一体的科技创新体系。在挪威，不同的利益相关者（如国际环保组织、中央政府、地方政府、媒体、专家、学者与居民）都允许参与到环境治理过程。在工业设施项目的规划、设计与执行阶段，来自不同地域、具有不同学科背景与价值诉求的利益相关者一起合作，致力于实现创新性的问题解决方案。

4. 推崇引导的治理战略

北欧国家在政府改革中明确划分了政府、市场与社会的关系，逐步形成了以政府引导为主的多元协作机制。一方面，政府、社会与市场的关系相对独立。尤其是“自由市镇实验”[1] 以来，政府在基层治理中扮演“元治理”的角色，即在公共事务处理过程中，更加聚焦战略规划的制定，通过发挥引导作用，实现社会、市场的相对自主。自 2008 年经济危机以来，政府面临的财政压力增大，为此，它们不断削减财政支出，让社会与市场承担更多的公共服务责任。以瑞典、丹麦的社会化养老体系为例，它们的养老服务如今已经实现了市场运作，同时，第三部门、社区、家庭等社会主体也积极参与养老服务，承担必要职责，在该养老服务体系中，透明的政府、自由的市场、积极的社会三者相互独立，各司其职，使得北欧养老模式成为世界典型。

另一方面，政府致力于引导各方协作。政府积极引导其他主体参与社会治理，侧重远距离调控、战略决策，避免微观干预。比如，瑞典政府在引导企业承担社会责任方面，进行了较多的探索，通过资金支持、公共采购、建立协调机制与政策指导等措施，实现了社区与企业的互利共赢、共同发展。

（二）北欧五国基层社会治理对中国的启示

北欧国家的基层社会治理模式，如共同生产、合作创新、社区企业，对我国实现共建共治共享的社会治理格局具有借鉴意义。

1. 培育公民自治精神，赋予公民更大的自治权力

北欧国家的基层治理具有较强的自治性。自治意味着公民参与，也意味着公民在治理过程中发挥更加积极与主动的作用，不仅可以促进个体层面的素养提升，也有利于增加社会资本、凝聚社会共识。

一是构建多元治理模式和平台，提升民众参与的自主性。公民自治是一个逐步的过程，从被动接受到象征性参与，最后发展为公民主导，需要公民通过不断实践来提升能力。制度化、常态性的机制有利于公民自治能力的提升。比如，在社区公共空间的设计阶段，政府可以交由居民自行商议，自行决定设计方案，通过问卷、访谈、小型会议等方式，广泛收集居民意见，通过民意的表达和观点的交流建立共识、实现双赢。

---

[1] “自由市镇实验”是北欧国家在基层政府改革中的重要尝试，在保证公民基本福利与社会平等原则的基础上，探讨如何放松中央管制、赋予基层政府更多自由，让基层政府能更自主地处理地方事务。

二是完善意见反馈和评估机制，提高自我管理的有效性。基层社会自治本身并非解决所有公共议题的万能良方，公民责任与参与意识是自治能否实现的关键，因此，基层社会自治需要进行适度管理。在自治过程中，政府需要建立完善的反馈机制与评估机制，定期对于自治的情况进行跟踪管理与动态监督，以便随时了解自治的基本情况与最新进展，根据评估结果调整制度设计与组织安排。

2. 倡导公民参与，不断推动治理模式创新

治理的本质是多元主体参与，公众是社会治理的重要主体。自下而上的居民参与是北欧社会治理的闪光点，这启示我们要重视公民的力量和作用，倡导政府与公民在沟通合作的基础上携手推进治理模式创新，以更好应对公共事务。

随着我国社会转型和民主政治的发展，政府面临的公共事务日益复杂，公民利益日趋多元，公民与政府合作可以激发公民主体意识，不断推动国家治理能力现代化。中国与北欧国家的情况不同，中国地方政府可以通过建立各种制度化的渠道，吸纳公民参与。例如，南京市政府开展“万人评议”的倡议，通过志愿报名、资格筛选等形式选拔出一定数量的公众代表，对政府提供的公共服务进行打分评估，公众的评判结果成为考核政府部门绩效的重要标准。总之，中国的基层社会治理需要继续发挥制度优势，激发公众的参与热情，实现基层治理手段和治理模式的创新。

3. 培育社会组织，形成多元治理模式

在面对复杂多变与不确定性的社会问题时，政府解决问题的能力和可支配的资源是有限的，这就需要政府与企业、社会、公众进行合作，促进公共产品和服务的多元供给。在北欧国家的治理实践中，社区企业与社会组织参与提供公共服务。对于社区企业来说，其根植于社区，并依靠社区获得资源，与社区居民的关系尤为密切，可以更好地了解居民的公共服务需求，提供更具个性化的服务。社会组织也发挥着同样的功能，在丹麦，一些社会组织积极参与政府组织的移民融入项目，组织志愿者与专家，为外来移民提供语言培训与心理咨询，辅助地方政府提供公共服务。

4. 发挥政府引导功能，保证多方治理有效

北欧国家的治理实践证明，政府需要不断重塑其角色定位，以更好适应现有的治理需要。北欧五国的基层治理呈现很强的“平行化”特征，政府主要扮演协调人的角色，平衡不同参与主体的利益诉求，积极推动各方建立共识。在丹麦，当政府意志有悖于居民共识，居民会采取措施反对政府决议。为此，政府开始逐渐尝试使用“平行化”的思路解决问题，不再将自己看作唯一的治理主体，而是各方平等的参与主体，通过组织协调会，将不同意见的公民召集在一起，让各方提供方案，推动问题解决。

第三节　国外社区治理创新对我国的启示

国外社区治理历经多年发展，汲取了多元治理主体和手段的丰富经验，形成了系统的治理理念，为我国社区治理提供了宝贵的经验借鉴，对于推动中国社区治理现代化进程具有深远意义。主要体现在五个方面。

一、转变政府角色，强化服务功能

推动基层治理取得实效，首要之务在于实现政府角色的深刻转变。回溯至20世纪80年代，西方国家针对社区问题频发的现状，发起了一系列“复兴社区”的运动，旨在促进社区居民更广泛地参与社区治理，构建政府与社区间的良性互动机制，从而焕发社区新活力。

一方面，鉴于治理环境的持续变迁，传统“统治型”政府角色已难以适应时代要求，政府积极探索由“统治者”向“划桨者”再至“掌舵者”的角色转型，以更高效地发挥政策引领与资源整合作用。尽管各国在社区治理中对政府角色的定位各有侧重，但普遍强调权力下放与适度干预的重要性，致力于提高社区管理的民主化与科学化。另一方面，社区治理是一个典型的上下联动过程，作为基层治理的基本单元，社区亟须政府与公民之间的紧密合作与互动，以激发公民参与公共事务的热情。在此过程中，政府应发挥主导作用，通过制定宏观政策、明确治理目标、提供公共服务等手段，有效履行

政府职能。同时，政府还需积极回应公民需求，扮演好统筹协调的角色，实现资源的优化配置与高效传递。

此外，根据新公共服务理论，政府在社区治理中不应仅仅作为服务的直接提供者。鉴于国内外国情的显著差异，特别是我国人口密度大、地方政府服务压力大的实际情况，直接提供服务的模式往往难以持续。因此，政府应更加注重角色定位的调整，由服务的直接提供者转变为引导者、协调者，通过政策引导、资源整合等方式，激发社区内生动力，推动社区治理体系的可持续发展。

政府治理理念的转变是提升社区治理能力的关键所在。针对当前我国社区治理中存在的内生动力不足、社会参与度不高等问题，必须加快构建以人民为中心、内生动力强劲、可持续发展的治理体系。同时，积极推动治理模式由单一主体、单向度向多元互动转变，为社区提供全方位的要素保障与服务支持，助力实现“善治”目标。

二、社会组织协作，市场力量助力

自20世纪末以来，受新自由主义与社区主义理念的影响，西方国家逐渐意识到治理主体非仅限于政府本身，遂开启对“第三条道路”之探索，致力于挖掘并强化社区自身的治理效能。公民作为社区治理之核心力量，其重要性不言而喻。博克斯（R. Box）提出“公民治理理论”，认为公民不仅是公共服务的接受者，更是社区公共事务的参与者，以及治理的主要驱动力。美国通过的《国家与社区服务法》，英国实施的“大社会”计划，日本兴起的“新公共性”治理理念，均强调了公众在社区治理中的自主地位。

自治组织在基层治理体系中占据举足轻重的位置。西方国家普遍通过界定政府与基层自治组织的职能边界，实施权力下放策略。以日本为例，其社区治理的核心在于政府主动让渡权力，赋予社会以自治权。历经数十载“社区自治”实践，日本成功吸纳市民团体、普通居民参与社区建设，培育出独特的“自治精神”。在社区治理中引入社区组织，实则是构建了一种“结构—响应”机制，旨在消除权力交接中的“社区真空”现象，优化资源配置，并增强政府对基层需求的响应能力。

此外，市场力量在社区治理中发挥着不可替代的作用。自 20 世纪 90 年代初，合作治理理念在亚洲兴起，并逐步为我国所借鉴。政社合作作为我国公共管理领域的重要实践，在社区治理层面体现为政府通过合同外包、政策补贴、购买服务等方式，引入市场机制，将社会服务项目交由市场运作。政府应秉持“竞争”“效率”原则，关注社会组织的治理资源及合理诉求，赋予其足够权限，以达成与服务对象的共识，进而提升多主体与政府共治的契合度，增强内外部治理能力，构建和谐有序的基层治理生态。

三、倡导民主协商，激发内生动力

民主协商作为社区共同体的鲜明标志，其重要性不言而喻。在美国，社区治理体系具有分工明确的特点，以半官方性质的社区委员会为平台，组织公众听证会及集会，同时设立由专业部门与社区代表构成的社区服务顾问团，作为政府与民众沟通的桥梁。此外，公民受托代理委员会、公民委员会等也积极参与社区事务的协商进程。在基层层面，政府负责政策落实，而社区自治组织确保居民在治理过程中的相应权益得以实现。

在我国，民主协商在基层实践的广度与深度仍有提升空间。主要原因：一是行政化管理模式难以激发居民参与热情，导致社区难以有效汇聚基层民声民意，居民参与度低，社区凝聚力不足；二是协商过程中可能存在的效率问题，如西方治理实践中常见的团体极化现象，即领导层或精英群体间意见分歧难以调和，影响决策效率。当前，城乡社区呈现出多方力量交织博弈的复杂态势。除传统的社区居委会、物业公司、业委会构成的“三驾马车”外，企事业单位、社会组织、社区工作者、志愿者等多元主体也身处其中，在此格局下如何在协商中平衡各方利益，确保决策惠及全体居民，成为协商机制设计的关键议题。

为此，应进一步完善常态化的民主协商机制，激发社区内生动力。强化社区协商的合法性基础，确保协商过程及结果得到广泛认可与接受。提升协商效率，避免团体极化现象的发生，通过科学设置协商议程、完善协商规则等方式，促进各方达成共识。同时，激发公民参与社区治理的积极性与创造性，通过完善激励机制、拓宽参与渠道等方式，增强居民的社区归属感和责任感，共同推动社区治理的可持续发展。

四、强调法治原则，权力转移下放

法治是贯穿社区治理全链条的根本原则，发达国家在推进社区自治的同时，也高度重视法治原则的践行。其一，多数国家认识到法治在解决治理难题中的核心价值，善用法律手段应对治理挑战，能够确保社区发展稳健长远。其二，社区自治的实现，有赖于政府权力的合理下放，基层的管理权限必须通过法律途径获得正当性，才能将社区自治的各项规范固化下来。鉴于此，以上各国普遍为社区治理构建了相对完善的法律体系，赋予基层组织在法律框架内对社区事务的自主处理权。

当前，我国社区治理立法在内容与形式上均存不足，社区公共服务、建设保障、经费保障等多个环节尚待明确。政府作为社区治理的引领者，应在法律框架内为社区治理提供充分而适度的指导与支持，营造良好的政治与政策环境于社区小天地之中，并对存在的问题实施有效监督与纠正。同时，应重视社区自治组织的作用，培育专业化的社区服务队伍，保障居民的自我管理权利，丰富社区治理的实质内涵，推进社区自治与法治的深度融合。

再者，需确保不同群体的利益诉求得到充分表达与尊重，保障公民的表达权与监督权。随着经济社会的不断进步，居民的知识水平与个人素质持续提升，参与意识与能力日益增强，社区治理现代化的推进又极大地拓宽了基层治理的参与渠道。为切实保障不同群体的利益诉求得以充分表达并受到尊重，需正视当前社区居民自治机制不畅、互动不足、回应效率不高等问题，构建多元化的纠纷调解机制，妥善解决社区利益冲突，切实维护居民合法权益。

五、科技赋能社区，文化塑造精神

社区作为城市之基石，其现代化构建是构筑现代城市之首要任务。当前，科技赋能社区建设已蔚然成风，成为推动社区治理现代化的关键路径。应当采用新技术、新举措，推动数字化、智能化、互联化的智慧城市建设，共同织就社区治理现代化的宏伟蓝图。

智能社区作为现代化城市的基础模块，在基层管理的基本流程上，运用空间也更加灵活，是企业打破社会管理障碍的有效途径。1992 年，美国圣地亚哥大学国际通信中心（International Center for Communication）最早提出“智慧社区”概念。2008 年和 2009 年，IBM 公司相继提出“智慧地球”（Smarter Planet）、“智慧城市”（Smarter Cities）的理念，信息技术与城市治理的实践开始在全球推进，逐渐形成“智慧地球—智慧城市—智慧社区”的实践体系。

智慧社区的优点主要表现为以下几点：一是能够及时有效地捕捉居民诉求，为其提供便利有效的服务；二是借助新技术的广泛应用，提高工作效率和实际效能；三是通过多要素统筹整合，优化资源配置，提高利用率；四是提高预警防护水平，通过信息技术增强潜在风险的识别、监测和预警能力，提升风险预警的针对性和科学性。

技术的迭代升级与政治、经济、文化、社会等系统紧密相连，唯有促进技术与社会的深度融合发展，方能有力推动社会的全面进步。在构建智慧社区的进程中，我们需深刻认识到技术与社会的双重维度，既要秉持技术理性，确保技术的先进性与实用性，更要融入人文关怀，关注社区居民的切身需求与情感体验。

在借鉴国际智慧社区建设经验时，我们注意到，各国普遍将技术接入、资本投入与需求对接视为关键环节。具体而言，一是构建信息、资源共建共享的综合平台，通过统筹社区各领域资源要素信息，确保社区多元主体间的对话交流畅通无阻、互动平等，从而进一步理顺各主体在治理层面的关系网络，形成协同共治的良好局面。二是充分利用信息数据资源，积极服务于基层。政府职能需深入拓展，借助大数据、物联网等前沿技术，确保政府工作真正扎根基层，切实倾听群众呼声，为社区治理提供坚实有力的支撑。三是借助信息化技术，促进社区间的深度融合，有效规避“数据孤岛”“数据沉睡”“数据滞后”等问题，并主动应对数字鸿沟、信息冗余等挑战，从整体性、动态性、可持续性等战略高度，对智慧社区进行科学合理的规划与建设。

第八章　迈向中国式现代化的基层治理创新

基层治理创新的本质是在遵从“一统体制”的总原则下，推动实现基层“有效治理”，“一统万殊”便是基层治理创新的主要特征。探究其中，可以发现，两方面的力量共同助推形成“一统万殊”的实现：纵向结构上，“一极多层”的多层级治理体系，能够将党的大政方针和路线政策纵向落实到底，实现顶层设计与地方探索的上下互动、贯穿始终；横向关系上，“一核多元”的多主体治理机制，能够有效发挥党建引领作用，有效调动多元主体的积极性和主动性，成就了“一统”与“万殊”的并行不悖与有机统一。

第一节　一统与万殊：顶层设计与地方探索的有机结合

改革开放以来，中国在经济建设、政治民主、国防外交、文化教育、法制发展、科技进步等各领域取得了举世瞩目的进步与发展，国内外对中国的改革创新和在探索中国特色社会主义道路上的成功给出多样化的解释，“中国模式”“中国方案”“中国案例”“中国经验”等术语被国内外学者用来总结中国显著的经验成就和发展特色。聚焦到制度建设层面，可以发现，中国在保持国家一统的同时有效保持了政治韧性，即在维护体制一统性的同时，通过灵活的政策制定和实施过程给中国庞大且层级复杂的政治体制注入活力，有效实现了治理的灵活性。

一、“一极多层”的多层级治理体系

美国政治学家亨廷顿（S. Huntington）的研究认为，国家是否有效所带

来的发展差异要大于制度上属于民主还是属于专制所带来的发展差异，“各国之间最重要的政治分野，不在于它们政府的形式，而在于它们政府的有效程度。有的国家政通人和，具有合法性、组织性、有效性和稳定性，另一些国家在政治上则缺乏这些素质；这两类国家之间的差异比民主国家和独裁国家之间的差异更大”[1]。

从国家治理的宏观意义上，中国的国家治理体系可以用“一极多层”集中概括，“一极”是指党中央政策在我国的政策体系中的最高地位和统领作用，其他各类各层级政策均应服从党中央政策；“多层”指的是官僚组织体系在纵向上包含的多个层级，既包括党组织体系，还有从中央、省级、市级、区县级、街道（乡镇）等包括多个上下层级设置的政府组织体系。各级党组织和各级地方政府，为了达成各自的组织目标和治理目标，均在其政策权限范围内享有一定的政策权力空间，国家政策体系因而在纵向上也具有“多层次”的特征。[2] 从制度的角度看，顶层设计与地方探索的有机结合，使地方创新作为一种可行途径，在维护体制一统性的同时，实现了社会治理的灵活性。从政策的角度看，中央政府的统筹安排和规划设定，辅以各地基于自身实际的创新实验，使政策制定和实施的过程更为灵活，能够给“一极多层”的政治体制增添活力。

政治制度和国家治理是中国政治的重要组成，基层的制度建设和治理体系又是实现国家治理体系和治理能力现代化的基础工程，是国家治理体系的基石和基础，可以说，推进国家治理创新走深走实、行稳致远，重点在基层，难点也在基层。宏观来看，基层治理领域的创新实践和地方探索，始终在中央顶层设计的框架下持续推进、有序开展，相应地，地方探索为顶层设计添砖加瓦、贡献力量，背后呈现出顶层设计与地方探索的有机结合和共谋互惠。全面深化改革，需要把握好三个着力点：一是自上而下层面的顶层设计、顶层推动，以及分层对接；二是自下而上层面的要基层落实、基层探索以及经

[1] 参见［美］亨廷顿：《变化社会中的政治秩序》，王冠华等译，生活·读书·新知三联书店 1989 年版，第 1 页。

[2] 参见张勇：《改革开放以来中央顶层设计的结构体系与内在逻辑》，载《东南学术》2019 年第 3 期，第 35－44 页。

验整合；三是上下互动、贯穿始终的制度运行、制度改革以及目标达成，以此夯实基层治理根基，提升社会治理效能。

中央的顶层设计处于国家政策体系最高层，不仅是政策体系的重要组成部分，更是规划和标志着国家未来发展的政治表征，主导和制约着各级地方政府的制度建设和政策制定，对于实现经济社会高质量发展意义重大。诸多学者对中国的国家体制尤其是决策体制或领导体制开展了深入研究，比如，德国学者韩博天形象地将中国比喻成一只“红天鹅”，其独特的发展模式和国家治理方式源自中国独有的决策过程和发展模式，尤其是长期的国家规划、战略与各种地方试验相结合的体制机制，既能保持政策连贯性又能提供制度可塑性，积极地推动了政策创新和制度调整，有益于经济社会的高质量发展。〔1〕

也有学者提出了解释中国决策体制及政策过程的多种概念框架，如胡鞍钢通过解读中共中央政治局常委会工作机制，剖析了“集体领导制”的运作之道和治理技术，进一步指出，“集体领导制”具有深刻意义的制度创新，相比个人总统制具有明显的决策优势，创造了极具中国特色和政治优越性、极富治理效率的民主决策制度。〔2〕王绍光、樊鹏聚焦于中国重大政策体系的参与结构和沟通形式，认为中国政府的决策体制在现阶段已经发生改变，由过去的“个人决策”“集体决策”转向一种民主化、科学化水平更高的“共识型”决策模式，具体包括“开门型”参与结构、“磨合型”互动机制、“共识型”决策模式以及“共识型”政治体系等。〔3〕此外，还有“精英决策”“官僚多元主义”“碎片化威权主义”“咨询型政府”等多种理论模式。

中国改革开放以来的改革逻辑，便是在创造有效性中累积合法性。〔4〕这种渐进式的改革模式围绕着创造有效的发展而展开，即通过有效的政治来创造有效的发展，并在政治有效性中积极累积合法性资源，从而使得发展成果

---

〔1〕参见［德］韩博天：《红天鹅：中国独特的治理和制度创新》，中信出版社2019年版，第22页。

〔2〕参见胡鞍钢：《中国集体领导体制》，中国人民大学出版社2013年版，第67页。

〔3〕参见王绍光、樊鹏：《中国式共识型决策：“开门”与“磨合”》，中国人民大学出版社2013年版，第2页。

〔4〕参见林尚立：《在有效性中累积合法性：中国政治发展的路径选择》，载《复旦学报》（社会科学版）2009年第2期，第46－54页。

为社会共享，实现基本公平。归根结底，渐进改革的逻辑决定了改革是自上而下的政策创制和自下而上的探索实践相互作用的结果，中央对地方的策略是放权，同时采用管制的办法加强对地方的控制[1]，为推动创新改革提供了回旋的余地和纠偏的必要空间；地方的经验助推改革的成功，赋予新出台政策合法性，也为下一步改革提供了思路和出路。基层社会治理创新便是在创造有效性中累积合法性的有力手段。

二、"一核多元"的多主体治理机制

中国的改革具有特殊性，主要表现为规范政府间关系的改革与政府对社会的治理改革同时进行。调整中央与地方关系是规范政府间关系改革的重要内容之一，政府对社会的治理改革重在调整国家与社会的关系。周雪光将其称为"一统体制与有效治理"之间的矛盾，在他看来，"中国国家治理的一个深刻矛盾是一统体制与有效治理之间的矛盾，集中表现在中央管辖权和地方治理权间的紧张和不兼容：前者趋于权力、资源向上集中，从而削弱了地方政府解决实际问题的能力，即这一体制的有效治理能力；而后者又常常表现为各行其是、偏离失控，对一统体制的中央核心产生威胁"。[2] 如何在"一统体制与有效治理"之间维持平衡，处理好秩序与活力的问题，始终贯穿中国渐进式改革的全过程。

（一）核心要义：兼顾秩序与活力

在现代社会利益日趋复杂化的背景下，多元治理作为一种重要的治理模式，其高效运作需要兼顾两大核心方面。首先，多元治理的参与者必须充分展现自主性，切实代表社会中多元化的利益诉求。其次，多元治理结构必须建立在稳固的权威基础之上，确保多元主体能够基于横向协商形成有序的治理体系。然而，这两大诉求各自蕴含着一系列矛盾的制度要素，并在各自运

[1] 参见周光辉：《当代中国决策体制的形成与变革》，载《中国社会科学》2011 年第 3 期，第 101－120 页。

[2] 参见周雪光：《中国国家治理的制度逻辑：一个组织学研究》，生活·读书·新知三联书店 2017 年版，第 10 页。

行领域内自发产生排斥，因此，任何社会在尝试将两者有机结合时都会面临严峻的挑战。

在党建引领下积极探索自治共治的新模式，这一做法正是对政党嵌入式工作机制的有效运用，旨在构建活力与秩序相辅相成的治理新格局。一方面，党建通过多层次引领功能，强调“软”的价值引领、人才引领、专业引领和项目引领，实现了在激发活力的同时，进行柔性引领，有力地维护了基层自治与共治的秩序。另一方面，党建工作的开放性网络、平台与机制，为自治与共治运行中的资源与诉求的对接提供了有力保障，从而激发了公众参与的活力，促进了多元主体自主性的萌发。以党建机制为坚实保障和支撑体系，推动多元治理结构的有效发展，已成为基层治理创新的重要方向。

（二）主要优势：跨行政体系的部门协同

世界各国都注意到克服行政部门“碎片化”运行惯性，提升行政部门间协同治理水平，构建扁平化、无缝衔接“整体治理”模式，对提升治理效能具有至关重要作用。我国政府也高度重视在社会治理领域提升跨部门的整体治理能力，这就涉及如何有效构建跨行政体系的部门协同机制这一深层问题。

而在改革开放以来的治理实践中，党建作为一种新型治理机制开始日益显现出跨体系协调的政治优势。由于无论是“条”还是“块”，政府机构都在同级党组织的领导下，不同行政部门可以借助党建组织网络，建立起稳定的制度化合作框架，这样既不打破“条”或“块”的既有组织边界和现有规章条例，又能灵活地依托党建联建网络，形成意见交流、资源共享、优势互补的协同治理新模式。这种治理机制一方面符合“条”“块”间保持彼此独立性的宏观治理需求，另一方面又有助于在公共服务与管理中促成部门合作，因此符合基层治理的目标要求。

（三）深层逻辑：公共性建构中的赋权增能

无论是基层民主改革还是激发社会活力，首要难题是如何构建社会治理领域的公共性空间，从而使人们从私人领域中走出，就共同关注的问题开展讨论和行动，实现私人向公众的转化。若无公共性的持续生产，任何社会都不太可能有实质性的社会协同与公众参与，社会活力也将面临“无源之水”之境地。从操作性角度来看，公共性生产的过程离不开两个相辅相成的历史进程：一是政府对社会领域的有序赋权。因为公共性的生长问题本质上是一种权力关系的改革，没有这种赋权，即权力关系的调整，公共性的发育过程就充满不确定性。二是社会形成良性、有序的自我协调与自我组织能力。唯有如此，社会活力才能有序生发，个体超越自身狭隘利益关注公共生活才具有稳定的社会基础。[1]

当前，无论在城市还是在农村，公共性的有效建构均面临一些挑战，比如，政府向社会领域的赋权增能势在必行，在此背景下如何协调保证各主体的有效参与和有序参与，如何引导保障自治的良性持续开展。党建引领，作为平衡各方力量，协调利益关系的重要机制，成为社会转型期确保公共性建构和可持续生产的核心力量。在各地探索实践中，党建的“把关”主要表现在推进自治、共治中的过程把关，党建工作通过议题设置、注意力引导以及规范议事协商机制逐步推动了中国基层社会公共性的有序萌生，这对于推动基层民主和社会发育都具有重要战略意义。

（四）发展目标：党建引领下的多元主体协同共治

坚持党建引领自治共治，旨在构建既充满活力又规范有序的社会治理格局，这是“一核多元”横向治理机制的核心精髓。为实现这一目标，各地积极推动基层党建与社会治理在理念、平台、机制等多维度的深度融合，通过党建引领，强化自治共治与德治法治的协同推进，有效整合社会资源，广泛动员社会参与。

首先，注重完善多元主体参与的基层治理模式，围绕公共性生产，搭建多方参与互动的机制平台。通过健全以党组织为核心、居（村）委会为主导、居（村）民为主体、多方参与、良性互动的治理框架，推动居（村）党组织与居（村）委会、业委会等自治组织实现“双向进入、交叉任职”，并在符

---

〔1〕 参见黄晓春：《党建引领下的当代中国社会治理创新》，载《中国社会科学》2021 年第 6 期，第 116－135 页。

合条件的业委会设立党的工作小组，广泛推进物业党建联建，确保自治共治工作的平稳有序运行。其次，建立健全基层民主协商机制，秉持“有事好商量，众人的事情由众人商量”的原则，普遍建立党组织主导下的听证会、协调会、评议会“三会”制度。通过构建自下而上的自治共治议题形成、项目实施、效果评估机制，开展广泛参与、形式多样、程序科学的基层协商，推动共建共治共享的制度化实践。最后，充分发挥各类社会力量在基层治理中的积极作用。坚持党建带群建，率先开展地方群团改革试点，建立健全党群联动工作机制，推动组织联建、队伍联育、项目联办。推动党建促社建，积极培育发展社区社会组织，助力其提升资源统筹能力，增强造血能力，在群众性、公益性服务事项中更好地发挥自身作用。同时，注重发挥群团组织和自治组织与社会治理的优势，广泛凝聚共识，汇聚奋进力量。

总体来看，基层治理创新的本质是在遵从“一统体制”的总原则下，推动实现基层“有效治理”。探究其中，可以发现，两方面的组织架构成就了“一统”与“万殊”的并行不悖与有机统一：纵向结构上，行政体系内部“一极多层”的多层级治理体系能够将党的大政方针和路线政策纵向落实到底，实现顶层设计与地方探索的上下互动、贯穿始终；横向关系上，“一核多元”的多主体治理机制能够有效发挥党统揽全局、协调四方的领导核心作用，在党的统一领导下有效调动并激发政府、企事业单位、市场主体、社会组织、基层群众等各方力量的主体性与积极性，为推动国家和社会之间协作共治的“强国家、强社会”模式保驾护航。

第二节　加强和创新基层社会治理的对策建议

创新本身不是目的，目的在于有效提升社会治理水平，提升人民群众的获得感、幸福感、安全感。基层治理创新是一项系统工程，要推进真正具有实质意义的基层社会治理创新，既需要营造一种鼓励创新、包容创新的浓厚社会氛围，充分激发基层创新的动力，又需要对社会治理创新进行规范引导，使其真正建立在老百姓的现实需求之上。

一、优化顶层设计，注重基层创新

一直以来，国家一直高度重视中央和地方两个层面的积极性。韩博天指出，中国体制所具备的强适应能力，主要得益于独特的“分级制试验”政策制定机制。[1] 这一机制允许地方政府结合地方实际，灵活应对各类问题，其中成功经验能够被中央政府吸纳并整合进相关政策的制定中，进而在全国范围内推广实施。顶层设计在国家治理中的地位弥足重要，代表着党和国家对于经济社会建设发展的整体架构和科学认识，没有中央的权威性支持，最出色的地方改革举措，也可能会事倍功半，甚至功败垂成。[2] 这就需要在做好顶层设计的同时，结合地方实际，以问题为导向在基层探索深化改革的新方案、新路径、新经验，鼓励基层大胆探索、积极创新，以此实现顶层设计和基层经验的良性互动、同频共振。

“摸着石头过河”和加强顶层设计的辩证统一关系，体现了推进中国式现代化过程中的两种重要方法。“摸着石头过河”是邓小平领导我国改革开放所采取的重要方法，是富有中国特色、符合当时中国国情的改革策略，强调在推进改革开放的过程中，在实践中摸索，边干边摸索，边实践边总结，从实践中获得真知。这种方法注重实践性和探索性，鼓励在试错中不断进步，不断总结经验教训，从而推动改革不断深化。“加强顶层设计”则强调在推进改革开放的过程中，要有全局性、战略性的考虑和规划，要有明确的目标和方向，以及实现这些目标和方向的具体路径和措施，从而确保国家整体发展的稳定性和可持续性，保障国家发展方向的一致性和连贯性。

习近平总书记在2012年12月31日主持十八届中央政治局第二次集体学习时指出，“摸着石头过河和加强顶层设计是辩证统一的，推进局部的阶段性改革开放要在加强顶层设计的前提下进行，加强顶层设计要在推进局部的阶

---

〔1〕 参见［德］韩博天：《通过试验制定政策：中国独具特色的经验》，载《当代中国史研究》2010年第3期，第103-112页。

〔2〕 参见俞可平：《拓展地方改革空间》，载《中国改革》2012年第3期，第22-28页。

段性改革开放的基础上来谋划”。[1]“摸着石头过河”需要在实践中不断总结经验教训，加强顶层设计则需要以这些经验教训为基础，进行全局性的规划，以更好地设计未来的发展方向和目标。同时，“加强顶层设计”要在实践中不断验证和完善，以确保其科学性和可行性。因此，“摸着石头过河”和“加强顶层设计”是相互促进、相互补充的，共同构成了中国改革开放的重要方法。

处理好顶层设计与地方创新的关系是一个重要任务，涉及国家发展的全局性与地方发展特色性的平衡，需要在协调性、统一性和辩证性上加以协调。处理好顶层设计与地方创新的关系，需要既注重国家整体发展的稳定性和连贯性，又充分发挥地方的主动性和创造性。应从以下几方面推动工作。

加强顶层设计的指导性和灵活性，提高顶层设计对社会需求的回应力和影响力，实现政府与社会的有效对接。顶层设计既要具有宏观性和战略性，又要具有一定的灵活性和指导性，以适应不同地区的实际情况，通过制定一系列的政策措施和指导意见，为地方创新提供指导和支持，并鼓励地方在顶层设计的框架内发展创新活动，建立有效的沟通机制和协调机制，更好地实现国家发展与地方特色的平衡，推动国家的全面进步和繁荣。

鼓励地方创新在顶层设计框架内开展创新实践。地方创新应在遵循顶层设计的基础上，结合本地实际情况和特色，立足人民所需，突出问题导向，充分发挥民众智慧和创新潜能，充分发挥自身的主动性和创造性，开展具有地方特色的创新活动，推动地方经济的发展和治理效能的提升。

建立持久有效的沟通对接机制和协调机制。加强中央与地方之间的沟通和协调，确保顶层设计与地方创新的有效对接。通过构建定期沟通机制、信息共享平台等，加强中央与地方之间的合作和交流，促进地方性、阶段性的改革创新成为实现中国式现代化的重要动力。

二、尊重首创精神，拓展自治空间

基层治理创新的发展和完善不仅需要从行政一端实现治理机制的增量扩

〔1〕《习近平在中共中央政治局第二次集体学习时强调以更大的政治勇气和智慧深化改革 朝着十八大指引的改革开放方向前进》，载《人民日报》2013年1月2日，第1版。

容，更需要发现或是找回社会一维的自治力量。长期稳定、行之有效的基层治理创新往往始发于社会一维中具有丰富治理资源的地方。比如，破解基层矛盾纠纷、群众参与不够等问题，都需要回到社会本身，通过社会自治的力量推动解决。因而，需要尊重基层自治的首创精神，培育与保持社会自治的活力，为多元治理主体参与基层治理创新赋能。

基层治理创新是各个地区根据自身条件和发展需求，进行的具有地方特色的创新活动，具有多样性、灵活性和创新性等特点，能够充分利用地方资源和优势，对于推动社会进步、增强社会活力、实现可持续发展具有重要意义。尊重基层首创精神，能够激发基层的积极性和创造力，增强基层组织和个人的归属感和责任感，有助于推动治理模式的创新和治理工具的丰富，从更广阔的层面为解决基层重点难点问题寻求良策。应对基层治理创新予以适度放权、政策倾斜和激励表彰，使治理创新成为基层可为、能为、愿为的新风尚。为此，可从以下三方面入手。

推动基层治理创新的可为性。这意味着为基层提供足够的资源和支持，使其有能力进行创新实践。政府和社会各界应加大对基层治理创新的投入，提供必要的资金、技术和人才支持。同时，建立健全激励机制，鼓励基层工作人员积极参与创新实践，激发他们的创造力，调动他们的积极性。

提升基层治理创新的能为性。这需要加强基层工作人员的能力建设，提高他们的专业素质和治理能力。通过定期的培训、学习和交流，使基层工作人员掌握先进的治理理念和方法，提高他们在实际工作中解决问题的能力。鼓励基层工作人员主动学习和探索新知识、新技术，以适应不断变化的社会环境和治理需求。

激发基层治理创新的愿为性。给予基层充分的自主空间，努力营造一种积极向上、勇于创新的文化氛围。通过广泛宣传治理创新的重要性和成果，增强基层工作人员对创新的认同感和荣誉感。同时，建立健全容错机制，允许基层在创新过程中犯错误并从中吸取教训，鼓励他们勇于尝试、敢于创新，不断为基层的发展注入新的活力和动力。

在充分尊重基层自治的首创精神的基础上，地方政府可以通过“自上而下”的经验总结与制度建构将通过基层自治探索出的自治经验予以制度化保障，使得生活世界存续、自治领域发生的经验性、常识性的自治行为走向制度化、规则化、模式化的制度安排，逐步积淀成文化脚本和共治精神，建构起服务于一方社会的基层治理创新模式，实现基层治理的善治。

三、健全评估机制，完善制度体系

基层治理创新是一项需要长期营造的系统性工程，地方主政官员若将基层治理创新仅仅视为个人职业晋升的政绩增长点，动员大量资源推动的基层治理创新大多将会陷入“唯创新”“伪创新”“口号创新”等误区中。因而，科学有效地构建基层治理创新友好型的制度体系尤为重要，既可以规范地方政府推动基层治理创新的行动路径，又可以有效地对地方政府实现目标导引，应从以下方向构建基层治理创新友好型的制度体系。

首先，构建“能责利”相调适、匹配的基层治理创新制度体系。如上文所述，基层治理创新的成功需要治理资源存量与地方政府创新能力实现适配，特别是在当治理资源不足而创新动力过强时，基层治理伪创新的现象更容易产生。因而，基层治理创新制度体系的构建需要平衡与调试地方政府能力、责任与政绩三者之间的关系。在地方政府竞争的模型中，无论是公共选择理论、“经济投票模型”、晋升锦标赛等，政绩都是理解地方政府行为的关键向度。在基层治理创新中，需要通过制度构建破除唯有创新才是政绩的误区，基层治理创新的本质就是使社会福祉的增加，地方政府现有的治理行为如若能使当地社会的福祉提升同样应被视为政绩。因而对于不同资源禀赋的地方政府而言，基层治理是否创新需要结合其资源存量以及地方社会具体的社会样态来选择，对于治理资源丰富的地方，当地政府结合自身实际走向长效基层治理创新之路，但对于治理资源不足但创新动力过强的政府，应通过清晰划定其能责范围，减弱其过强的创新动力，使其结合自身地域治理资源回归实质性治理、有效性治理，实现“能责利”的调适和平衡。

其次，建立健全基层治理创新的评估评价体系。构建一套科学、可量化的地方政府创新能力评估体系、绩效评估体系，该体系的构建着眼于加强对基层治理创新的甄别性，严防口号创新、概念创新等“伪创新”的产生。在现行评估机制中，利用数据反映的可视化、显性评估指标的偏重以及通过吸引上级政府注意力而形成口号泛滥的印象政绩成为评估地方政府治理创新成效的重要向量，因而现行评估机制在注重甄别的同时，应更多向隐性指标，如居民生活满意度等实质性创新成效偏移。同时，可以吸纳社会力量监督、评价、评估基层治理创新，实现评价权、监督权从政府体系中向社会外溢，实现权力主体评定的扩容，也将有效引导地方政府着眼于社会现实需求展开基层治理创新。

最后，构建完善的激励保障机制和容错纠错机制，从制度上促进基层创新实践的顺利推进。国家的创新能力取决于国家为最大限度的地方反复试验所提供的机会。国家的创新能力，根植于地方层面的广泛实践与反复试验。[1] 为充分激发地方的创新活力，中央政府需赋予地方政府相应的改革自主权，允许其在创新实践中适度容错，从而确保地方积极性和创造性得以充分释放。党的十八大以来，行政体系内部的监督问责常态化、制度化、舆论化，有的研究者也进而指出正式规则不断挤压基层权力寻租的灰色空间，由晋升带来的目标收益减少，部分基层干部晋升回报期望降低，围绕晋升展开竞争的动力相对减弱。[2] 此种背景下，政策创新带来突破原有规则风险等使得地方官员产生“不求有功、但求无过”的风险思维，使得地方政府创新动力减弱，特别是治理资源丰富的地区，如若地方政府创新动力过低则无法充分发挥区域内社会治理资源存量丰富的优势，阻滞社会治理水平的提升。因而，构建基层治理创新友好型的制度体系应注重建立完善的容错纠错机制，从制度层面为基层官员参与治理创新提供安全保障，重塑其创新期望，在容错纠错机制中应明确划分何为“错误”、何为“失误”，通过明晰容错程序的规范度、完善创新行为纠偏机制、优化上下级部门之间的信息沟通等方面入手，引导地方官员放下怕错、求稳的心理包袱，以促使其发挥应有的激励效能，减少避责避事的主观动机，形成良好的创新氛围。

构建基层治理创新友好型的制度体系，是推进国家治理体系和治理能力

---

〔1〕 参见［德］韩博天：《中国异乎寻常的政策制定过程：不确定情况下反复试验》，载《开放时代》2009 年第 7 期。

〔2〕 参见张权、杨立华：《“局部空转”现象：动机、行为及扩散——一场“理性经济人”参加的“避责生存赛”》，载《人民论坛》2019 年第 36 期，第 12 – 15 页。

现代化的重要一环。这一制度体系的建立，需要紧密结合基层治理的实际情况，注重长期性和长效性，通过建立一种持久有效的制度环境，鼓励和支持基层政府和社会在治理过程中积极探索和实践，为基层治理创新提供持续的动力支持。同时，需要引导地方政府树立积极长远的政绩观，政绩观是地方政府工作的导向和动力，也是推动基层治理创新的重要因素。因此，在构建制度体系时，需要强调地方政府在推进基层治理创新中的责任和担当，推动地方政府从短期利益出发，转向注重长期效益和社会效益的发展思路，营造一种“功成不必在我”的整体性政治生态，为基层治理创新树立久久为功的制度环境。

四、丰富创新形式，破除技术“迷思”

技术治理虽然一定程度体现了近年来国家治理逻辑的深刻转换，代表国家治理体系和治理能力现代化的一种方向上的转向，但如上文所述，技术治理是否能够发挥预期功效需要严格的条件限定，并且在实际治理中，技术治理仍然面临着对于隐性、大规模、综合性社会事务以及预测性社会事务治理的失效，甚至是技术创新的运用与社会的实际脱节。并且以技术治理作为基层治理创新的落脚点需要付出大量的财政资源，对于一些财政并不发达的地区盲目追求技术治理以实现治理现代化会产生大量的资源浪费，并且挤压了财政资源向其他领域投入。因而，各级政府在强调数字政府建设等富有技术治理特征的治理创新路径时，仍然需要通过开展专题研讨班等培训的方式向其阐明技术治理的可能与局限，营造理性对待技术治理的观念。

无论从追求创新的角度，抑或是从降低风险的角度而言，行政体系内部都需要树立正确对待技术治理的观念，破除对于技术治理的“迷思”，并在此基础上，丰富基层治理创新的形式，从传统治理资源中持续挖掘并进行现代化表达等。

五、回应群众关切，增进民生福祉

随着现代社会的转型发展，从“权力国家”到“权利国家”的转变已经成为一种不可逆转的趋势。[1] 这一转变不仅代表着政治理念的进步，也反映了人民对于更加公正、平等的社会的渴望。而在“权利国家”中，公民的权利是本身所享有的，既不源于某个人或某个利益集团，也不能被任何人或团体任意剥夺，政府更加注重保障人民的权利，尊重人民的意愿和选择，使人民真正成为国家的主人。

在此情境中，“人民利益的最大化”与“统治安全的最大化”共同成为国家治理的重要内容。界定和保障国家权力的公有性与正义性，确保公民权利的普遍性和实效性，以及通过体制内博弈确保公民权利能够得到国家权力的有效保障，成为现代社会必须面对的核心问题。国家权力的公有性是指权力属于全体人民，而非某个人或团体。这意味着国家权力应该为人民服务，反映人民的意志和利益；国家权力的正义性则是指权力在运行过程中要遵循公平、公正的原则，国家权力在处理社会问题时应该不偏不倚，维护社会的公平和正义。公民权利的普遍性是指每个公民都应该享有平等的权利，即无论一个人的社会地位、财富状况如何，都应该享有基本的权利和自由。公民权利的实效性则是指权利能够得到有效保障和实现，这意味着当公民的权利受到侵害时，能够通过法律途径得到及时、有效的救济。这两个方面不仅关乎国家的稳定和发展，更直接关系到每个公民的切身利益。

民生系着民心，是党执政之本、人民幸福之基、社会和谐之源。习近平总书记明确指出：“创新社会治理，要以最广大人民根本利益为坐标，从人民群众最关心最直接最现实的利益问题入手。”[2] 基层作为各种社会利益、社会矛盾、社会诉求的聚焦点，是党同人民群众、政府和社会连接的“最后一公里”。新中国成立后特别是改革开放以来，我们党在带领人民解放和发展生产力的同时，高度重视并着力改善民生，在幼有所育、学有所教、劳有所得、病有所医、老有所养、住有所居、弱有所扶上持续用力，推动改革发展成果

---

〔1〕 参见宣晓伟：《超越大一统：中国式现代化必须推进中央和地方关系的治理现代化》，载《科学社会主义》2023 年第 4 期，第 11－21 页。

〔2〕 中共中央文献研究室：《习近平关于社会主义社会建设论述摘编》，中央文献出版社 2017 年版，第 129 页。

惠及全体人民，朝着实现全体人民共同富裕不断迈进，民众生活发生了前所未有的变化。基层社会治理以增进人民福祉为根本目的，以保障和改善民生为发展方向，以提高公共服务能力为重要抓手，旨在解民忧、纾民怨、助民困、暖民心，有力地提升了基层治理水平和治理成效，实实在在地解决群众反映的突出问题，积极回应人民群众的诉求和期待，密切了党同人民群众的内在联系，促进了人的全面发展和社会的全面进步。

基层治理创新是从增量的意义上进行社会治理的改革，因而创新的本质仍然是在体制定型的情况下进行有效的机制改革，其最终的目标必然是民生福祉的增进。基层治理创新应主动融入社会转型的具体实践中，紧密结合社会发展的实际状况，积极回应人民群众的需求与期盼。地方政府在创新过程中，若脱离社会实际，将难以形成可持续的制度体系；若忽视群众需要，则将难以获得广大民众的支持与认可。因此，必须着力构建政府主导、社会调节与多元参与的良性互动机制，进一步拓宽民众参与地方政府创新和地方治理的渠道，为基层治理创新注入坚实的民意基础和鲜明的民主色彩。这是优化基层治理创新生态、推动社会治理现代化的重要举措。

民生发展的指标可以与外来人口社会福利、基础教育水平、基础医疗、基本公共卫生服务、社区养老、人均绿地面积、公园数量、体育设施保障水平等结合。地区性的民生发展除了遵循中央文件基本要求之外，如何发展非常具有增量意义，也完全可以体现创新思维。比如，国家基本公共卫生服务是中央与地方共同财政事权，遵循属地管理和财政逐级转移支付原则。中央制定人均经费基础标准，并根据经济发展水平调整分担比例。在此基础上，中央鼓励地方政府在完成国家标准后，适当增加服务内容和项目，增支部分由地方财政负担。

在中国特色社会主义进入新时代的宏观背景下，我国社会的主要矛盾已经转变为人民日益增长的美好生活需要和不平衡不充分的发展之间的矛盾，带领人民创造幸福生活，是我们党始终不渝的奋斗目标。基层治理必须始终坚持以人民为中心的发展方向，把满足人民对美好生活的需要作为一切工作的出发点和落脚点，着力破解就业、教育、医疗、住房、社会保障等人民群众最为关心但短板依然存在的关键问题，聚焦群众关键小事、基层民生实事、社会治理难事，真心实意解决好群众最急、最忧、最盼的实际问题。创新有方向才能确保治理取得应有的成效，才能保证基层组织进一步得到群众的拥护和支持。